MECKLENBURG
0
N
Ludwigslust
Sude
Rögnitz
Müritz-Elde-Kanal
Kaarßen
Tripkau
Dömitz
B5
Damnatz
Dannenberg
Lenzen
Wootz
Pevestorf
Schnackenburg
Jeetzel
Gorleben
Gartow
189
Wittenberge
WENDLAND
Trebel
Lübeln
Lüchow
Bösel
Jeetzel
Schweskau
Lübbow
Aland
Elbe
Ehemalige Grenze
Arendsee
190
Salzwedel
ALTMARK

Göhrde und Wendland

Links und rechts der Elbe

Göhrde und Wendland

von Winsen bis Salzwedel

Irmtraut Prien
Fotos

Werner Preuß
Text

Christians

CIP-Titelaufnahme der Deutschen Bibliothek

Göhrde und Wendland: *links und rechts der Elbe; von Winsen bis Salzwedel / Irmtraud Prien, Fotos; Werner Preuss Text. –
Hamburg: Christians, 1990
(Land hinterm Deich)
ISBN 3–7672–1113–0
NE: Prien, Irmtraud [Ill.]; Preuss, Werner [Mitverf.]*

*Gestaltung: Claus Harcken, Hamburg
Satz: Dammtorsatz, Hamburg
Herstellung: Paderborner Druck Centrum
ISBN 3–7672–1113–0
Printed in Germany*

INHALT

es immer wolgemacht
was mein denken nicht kan fassen
1827
1828

Zu diesem Buch

Die Göhrde und das Wendland – zwei Namen für eine Landschaft, abseits der großen Straßen südlich des Elbestroms gelegen, und schon seit langer Zeit ein Geheimtip für Stadtflüchter und Naturliebhaber. Galt sie früher überwiegend als Refugium für alternative Landwirtschaft und Lebensformen, so zieht sie heute immer mehr Menschen an, die Erholung in unzerstörter Natur suchen.

In diesen Tagen rücken Göhrde und Wendland allerdings auch in anderer Hinsicht in den Blickpunkt. Durch den politischen Wandel wird das ehemalige Grenzland aus seiner erzwungenen Randlage befreit. Es erhält die Chance, wieder zum wichtigen Bindeglied zwischen Berlin und Hamburg zu werden.

Um die vielgesichtige Landschaft voller Besonderheiten, wie sie sich uns heute darstellt, anschaulich zu machen, verzichten wir gern auf die Hochglanzoptik der Fremdenverkehrsprospekte und wenden uns den historischen Details zu; den kleinen Geschichten, die uns neben der großen Historie auch die Menschen zeigen, die hier lebten und leben. Genau hinsehen, verweilen, nachfragen – dazu möchten wir anregen.

Wir berichten vom Jagdschloß Göhrde und den Elbdünen, von der Salzgewinnung und alten Siedlungsformen, von den Problemen der Stadterneuerung und alten Handelswegen, von der wendischen Sprache und dem Deichbau in den Marschen. Durch die tatsächlich hin und wieder noch verträumten Städte und Dörfer wanderten wir ebenso wie durch die großen, abgelegenen Waldgebiete der Göhrde und des Wendlands. Besonders gern sind wir in die alten Elbstädte – wie Boizenburg und Dömitz – gefahren, die mehr als vierzig Jahre wie in einer anderen Welt lagen.

In mehr als einer Hinsicht möchte dieser Band also Brücken bauen; er lädt ein zu einem Spaziergang mit den Augen, zum intensiveren Kennenlernen, und soll informierende Grundlage sein für eigene Erkundungsfahrten – von Winsen nach Salzwedel.

Zur näheren Information ist jeweils nach den Kapiteln weiterführende Literatur angegeben.

Wir danken allen, die uns mit Informationen unterstützt haben, insbesondere Frau Rogge vom Archiv der «Lüneburger Landeszeitung» sowie allen unseren Gesprächspartnern.

Irmtraut Prien *Werner Preuß*

Torhäuser, charakteristisch für altmärkische Rundlinge, sind eine Seltenheit im Wendland. Durch die offene Einfahrt leuchtet in Nienbergen weithin das rote Tor des dahinterliegenden Bauernhauses.

Aus einer Wasserburg an der Luhe ist das Winsener Schloß hervorgegangen. Von 1592 an diente es 25 Jahre lang Herzogin Dorothea von Braunschweig-Lüneburg, einer Tochter des dänischen Königs Christian III., als Witwensitz. Der idyllische Schloßpark lädt zum Spazierengehen ein.

Der Marstall des Schlosses stammt aus dem Jahre 1599 und wurde lange als Fabrik- und Lagerhaus genutzt. Nach der Renovierung befinden sich in dem eindrucksvollen Fachwerkbau die Winsener Stadtbibliothek und das Heimatmuseum (seit 1989). Eine der Abteilungen ist Johann Peter Eckermann gewidmet, der in Winsen geboren wurde.

Zwischen Elbe und Heide – Winsen

Im Jahre 1158 wurde Winsen an der Luhe erstmals urkundlich erwähnt. Heute leben in der Stadt und den eingemeindeten Dörfern insgesamt etwa 27 000 Einwohner. Von Anfang an war Winsens wirtschaftlicher und politischer Entwicklung durch seine Nachbarschaft zu Hamburg und Lüneburg enge Grenzen gesetzt – ein Einfluß, der auch heute noch sichtbar ist. Rund 30 000 Pendler streben täglich aus dem Landkreis Harburg zu ihren Arbeitsplätzen in der Hansestadt. Viele von ihnen wohnen in Winsen, das sich selbst als «Einkaufsstadt» versteht. 1932 wurden die bisher eigenständigen Kreise Harburg und Winsen vereinigt. Obwohl Harburg schon 1937 Hamburg angegliedert wurde, blieb es bis zur Zerstörung des Verwaltungsgebäudes durch eine Bombe Sitz des niedersächsischen Kreises. 1944 verlegte man die Verwaltung nach Winsen, das seitdem Kreisstadt des Landkreises Harburg ist.

Winsens Stadtbild wurde in den letzten Jahrzehnten stark modernisiert. An einigen Stellen, etwa in der Deichstraße, läßt sich aber noch erahnen, wie dieses Zentrum der Elbmarsch einmal ausgesehen hat. In der Mitte des alten Stadtkerns erhebt sich die Marienkirche aus der Zeit um 1400. Nur wenig entfernt liegen das von Wasser umgebene Schloß und der Marstall, ein eindrucksvolles, langgestrecktes Fachwerkgebäude aus dem Jahre 1599. Nach der Renovierung haben in ihm 1989 die Stadtbücherei und, über alle vier Geschosse sich erstreckend, das Museum ihren Ort gefunden. Das kleine Schloß mit dem untersetzten Glockenturm gewinnt durch seine Unaufdringlichkeit und Schlichtheit. Ebenso natürlich wirkt der Schloßpark mit dem Ententeich. Die Wiesen am nahen Ufer der Luhe eröffnen eine der freundlichsten Ansichten der Stadt Winsen. Flußaufwärts in Richtung Roydorf führt der Luhewanderweg hinaus ins Weite.

Der Turm der Marien-Kirche stammt aus dem Jahre 1886, ist also fast 500 Jahre jünger als das Kirchenschiff.

Literatur: Günther Hagen, Geschichte der Stadt Winsen an der Luhe, Winsen 1978

Walter Gröll/Klaus Schumann, Winsen (Luhe), Stadt zwischen Elbe und Heide, Hamburg 1988

Erholung für Unternehmungslustige, hrsg. v. Landkreis Harburg, Winsen 1987

Die Elbbrücke zwischen Lauenburg und Hohnstorf, links im Bild, verbindet Schleswig-Holstein mit Niedersachsen. Die nächste Brücke überquert derzeit die Elbe in Wittenberge, 100 Kilometer stromaufwärts, zumindest bis zur Fertigstellung der neuen Dömitzer Brücke. An vielen Orten verkehren jedoch Fähren in wenigen Minuten zwischen dem östlichen und dem westlichen Ufer des Stroms.

Land im Schutz der Deiche – von Winsen bis Bleckede

Deiche schützen das «Land beiderseits der Elbe». Als sie 1962 brachen, gingen Mensch, Vieh und Häuser in den Fluten unter. 1965 standen auf niedersächsischer Seite von Hohnstorf bis Katemin noch einmal 22 Gemeinden für mehr als drei Monate unter Wasser. Eine Jahresernte wurde vernichtet. Inzwischen werden die Elbabschnitte von Harburg bis Tespe und von Hohnstorf bis Bleckede durch neue, vom «Artlenburger Deichverband» errichtete Dämme geschützt. In diesem Verband sind ohne Ausnahme alle Grundstückseigentümer des Marschlandes zusammengeschlossen. Der Beitrag für ein Einfamilienhaus mit einem Grundstück von 1000 Quadratmetern beträgt etwa 100 bis 140 DM jährlich. Notfalls muß der Besitzer auch Deichwache gehen.

Für den Kern des neuen Deiches wurde sehr viel Sand benötigt. Man förderte ihn zum größten Teil durch Ausspülung der Fahrrinne in der Elbe. Die äußere bis zu einem Meter dicke Schicht des Deiches aus fester, lehmiger Erde wurde im elbnahen Binnenland gegraben. Aus 21 häßlichen Baggerlöchern hat man inzwischen Seen und Teichanlagen geformt, die an Umfang die durch den Deichbau zerstörten Feuchtgebiete um ein Vielfaches übertreffen. Bei der Anlage achtete man darauf, abwechslungsreiche Böschungen zu schaffen und sowohl tiefe als auch seichte Stellen entstehen zu lassen. Um Baum- und Buschgruppen wurde herumgegraben. Sie bildeten später Inseln, auf denen Wasservögel ungestört brüten können. Rohr und Binsen, Buschwerk und feuchteliebende Bäume wurden am Ufer angepflanzt, so daß die Teiche heute von natürlich entstandenen kaum zu unterscheiden sind und von der einheimischen Flora und Fauna gern angenommen werden.

In jedem Frühjahr kehren die Störche aus Afrika zum Nisten in die Elbmarsch heim.

Der größte dieser künstlichen Seen befindet sich beinahe unzugänglich in der Nähe von Drage. Mit einem kleinen Schild wendet sich der Oberkreisdirektor des Landkreises Harburg an den Wanderer: «Lieber Mitbürger! Das Betreten dieses Grundstückes ist aus

Rechte Seite: Wie hier bei Fahrenholz gehören Schafe in der Elbmarsch zum Landschaftsbild. Auf den Deichen halten sie die Grasnarbe kurz und dicht.

Korbmacher Giese in Rönne pflegt in dritter Generation ein altes Handwerk. Sein Material, die langen Peitschen, liefern ihm die Kopfweiden, die für die Marschlandschaft typischen Bäume.

Naturschutzgründen nicht erlaubt. Die Wasserfläche und die Ufer sind Lebensraum vieler Tiere und Pflanzenarten. Sie sollen geschützt werden. Ich bitte um Ihr Verständnis.» Wie hier ist auch an den anderen in öffentlichem Besitz befindlichen künstlichen Teichen das Angeln, Paddeln, Baden und Lagern verboten.

Der Deichbau hat nicht nur neue Gewässer entstehen lassen. Am Fuß der Dämme mußten im Deichvorland einige Brackwasser auch zugeschüttet werden. Sie hätten den Deich nicht nur ständig durchnäßt, sondern den Hochwasserströmen auch ermöglicht, den Damm von unten her auszuhöhlen. Schließlich hätte auch der Bisam an

diesen Stellen vom Wasser aus seine Gänge und Röhren in den Schutzwall wühlen können. Diese kaninchengroßen Tiere werden am Elbdeich jährlich zu Tausenden in Köderfallen gefangen. Mit Gift dürfen die Nagetiere, zu denen auch Maulwurf und Wühlmaus zählen, nicht mehr verfolgt werden. So ist man in der Gartower Elbmarsch schon auf den Gedanken gekommen, Setzstangen für Habichte, Bussarde und Milane aufzustellen.

Wer durch die Elbmarsch wandert, ist beeindruckt von der üppig grünen Vegetation und dem Duft der Gräser und Heublumen. Man kann hier bisweilen noch beobachten, wie Störche einem Traktor bei der Heumaht folgen und schnappen, was sich im Gras verborgen gehalten hatte. Abseits der Hauptstraßen sind unvermittelt sogar Gruppen von Reihern auf den Wiesen zu sehen.

Für die Landschaft an der Elbe ist die Streifenflur typisch, wie man sie bei Drennhausen, Avendorf und, besonders schön, zwischen Barförde und Wendewisch betrachten kann. Hinter dem Deich liegen dicht bei dicht die Bauernhäuser, von denen kilometerlange, doch nur wenige Meter schmale Wiesen und Ackerstriche ins Binnenland fortstreben, Streifen für Streifen durch Gräben, Busch- und Baumreihen begrenzt. Einst hatte jeder Anlieger für seinen Deichabschnitt zu sorgen und war daher bestrebt, ihn möglichst schmal zu halten. Das Land vor dem Deich darf heute nicht mehr aufgepflügt und nur noch als Wiese und Weide genutzt werden, um die geschlossene Bodendecke nicht zu verletzen. In der Elbmarsch wird ansonsten vor allem Getreide angebaut. Während der Sommermonate aber säumen Stände mit edleren Erzeugnissen die Straßen der Elborte. Frisches Gemüse, Spargel, Obst, Beerenfrüchte und Blumen stehen zum Verkauf, zuweilen auch Honig und hausgemachte Marmelade.

Beschaulich wirken alte Bauernhäuser, die wie Schwalbennester unter dem Deich geschützt vor Wind und Wetter

Zu den ersten Blumen im Jahr gehören die Stiefmütterchen, die gegen Frost weitgehend unempfindlich sind.
In der Marsch werden sie gezogen und als bunte Tupfen für den heimischen Garten auf dem Markt verkauft.

Unten: Heumaht in der Elbmarsch – für Störche ein reich gedeckter Tisch.

Abendplausch auf dem Elbdeich in Tespe. Wie Schwalbennester »kleben« alte Bauernhäuser, vor Wind und Wetter geschützt, unter dem Damm, auf dem man unter weitem Himmel ausgiebig spazierengehen kann.

kleben. Streckenweise führt die Elbuferstraße am Hang des Dammes entlang, der mancherorts, wie in Obermarschacht, so dicht bebaut ist, daß man ihn nur noch als einen Buckel im Dorf wahrnimmt. Die betreffenden Häuser sind nicht nur selbst stark durch Eisgang und Hochwasser gefährdet, sondern stehen der Deichverteidigung im Notfall auch im Wege. An ihnen fangen sich schließlich die überströmenden Fluten, um Höhlen und Löcher in den Deich zu spülen. Neubauten müssen in der Regel 50 Meter Abstand zum Deichfuß wahren. Ein fünf Meter breiter Steifen darf nicht einmal beackert und mit Bäumen und Sträuchern bepflanzt werden, damit im Notfall stets ein fester und freier Weg zur Verfügung steht. Viele Anwohner halten sich jedoch nicht an diese Vorschriften und rücken mit Zäunen, Gartenlauben und Pflanzen zu nahe an den Wall heran. Auch Trampelpfade schwächen den Deich, da sie vom Wasser leicht ausgespült werden können.

1989 feierte der «Artlenburger Deichverband» sein einhundertjähriges Bestehen. Seit seiner Gründung ist in dem von ihm beaufsichtigten Gebiet zwischen Haue nördlich von Winsen und Bleckede kein Deich mehr gebrochen. 1881 wurde bei Artlenburg mit 8,59 Metern über dem Meeresspiegel der höchste bekannte Wasserstand gemessen. Die neuen Deiche übersteigen diese Marke um einen Meter. Seit einigen Jahren laufen die Hochwasserwellen an den Elbdeichen jedoch immer schneller und höher auf. «Flächen sind durch Bebauung versiegelt worden», erklärt der «Artlenburger Deichverband», «das heißt, sie lassen kein Regenwasser versickern. Meliorationen, das Zusammenfassen von bäuerlichen Betrieben zu landwirtschaftlichen Großbetrieben und die damit verbundene Schaffung großer zusammenhängender Ackerflächen, welche das Roden vieler Feldraine, das Verfüllen von Geländesenken und anderes mehr zur Folge hatten, haben mit dem Vergrößern der Städte und Dörfer dazu geführt, daß die Niederschläge wesentlich rascher als früher den Gräben zugeleitet werden und über die ausgebauten Vorfluter sehr viel schneller der Elbe zufließen. Das Wasser kann nicht mehr gespeichert werden, so daß die Hochwasserereignisse schneller und höher auflaufen, als das früher der Fall war. Die von den Bewohnern der Elbniederung geschaffenen Werte sind heutzutage erheblich größer als in früheren Zeiten. Es wohnen mehr Menschen dort. Nicht nur Wohngebäude, sondern auch Industrie und Gewerbeanlagen sind jetzt zu schützen.»

Literatur: Artlenburger Deichverband, Deichbauliche Maßnahmen an der Elbe zwischen Staustufe Geesthacht und Bleckede, hrsg. v. Wasserwirtschaftsamt Lüneburg, 1983

Deichbauliche Maßnahmen zwischen Rönne und Avendorf, hrsg. v. Wasserwirtschaftsamt Lüneburg für den Artlenburger Deichverband, 1987

Rudolf Siebenbrodt, Durch Deichbau neue Feuchtgebiete und Wasserflächen in der Elbaue, in: Jahrbuch des Naturwissenschaftlichen Vereins, Bd. 37, Lüneburg 1985

Bardowicks Wahrzeichen, der Dom St. Peter und Paul, ist das letzte Zeugnis einer großen Vergangenheit. 1189 zerstörte Heinrich der Löwe den Ort, der damals einer der reichsten Norddeutschlands war. Aus romanischer Zeit datiert noch ein Portal aus Gipsquadern in der Vorhalle, die einst vom Lüneburger Schildstein gebrochen worden sind.

Rechts: Früher versorgten Bardowicker Kähne Hamburg mit Gemüse. Heute fährt während der Sommersaison täglich ein Ausflugsschiff durch die grüne Ilmenauniederung; hier passiert es die Klappbrücke von Bardowick.

Fröhliche Bauernhochzeit in Bütlingen (links). In einer mit Schimmeln bespannten Kutsche kehrt das Brautpaar von der Kirche heim.

Unten: Seit 1959 in Luhmühlen die ersten deutschen Meisterschaften im Vielseitigkeitsreiten ausgetragen wurden, hat sich der Ort zu einem Mekka des Pferdesports entwickelt, aus dem Europameister und Olympiasieger hervorgegangen sind. Jährlich finden hier internationale Military-Wettkämpfe und Prüfungen im Vierspänner-Vielseitigkeitsfahren statt.

»Menschen unter dem Kreuz« stellt diese um 1400 von dem Lüneburger Bildschnitzer Michael Snitker geschaffene Figurengruppe am Altar der St.-Willibrord-Kirche in Neetze dar.

Die Neetzer Dorfkirche, eine der schönsten im Landkreis Lüneburg, trägt den Namen des angelsächsischen Mönchs Willibrord, der unter den Westfriesen missionierte und 729 als Bischof von Utrecht starb.

Bleckede, die «Löwenstadt»

Der schön verzierte und von Blattwerk und Rosen üppig umrankte Fachwerkflügel im Schloßhof verleiht dem alljährlich im Mai aufgeführten »Musikalischen Frühling« eine anmutige Kulisse.

Bleckede ist ein schmuckes Lüneburger Landstädtchen an der Elbe mit etwa 8000 Einwohnern. 1209 wurde es unter dem klangvollen und stolzen Namen «Löwenstadt» gegründet. Zu sehen und zu besteigen ist heute noch der dicke Stumpf eines Burgturmes aus der Zeit um 1500. Seit das zerbröckelnde Mauerwerk vor kurzem mit reichlich Mörtel restauriert wurde, hat der Turm allerdings viel von seiner urtümlichen Kraft eingebüßt. Besonders anmutig wirkt dagegen der verzierte Fachwerkflügel aus dem Jahre 1600 im Innenhof des Schlosses. In diesem hübschen Rahmen wird seit 1976 jeweils für eine Woche im Mai ein heiterer «Musikalischer Frühling» aufgeführt. Das Haupthaus des Schlosses stammt aus dem Jahre 1743 und dient heute der Heimvolkshochschule Barendorf bei Lüneburg als zweites Hotel- und Seminargebäude. Seit 1979 ist die «Künstlerstätte Bleckede» in einem Nebengebäude des Schlosses beheimatet. Ein inzwischen sehr begehrtes Stipendium des Landes Niedersachsen ermöglicht jeweils drei ausgewählten bildenden Künstlern, für etwa neun Monate in ländlicher Umgebung zu wohnen und zu arbeiten. Zum zehnjährigen Bestehen der «Künstler-

Seit 1979 ist in einem Nebengebäude des Schlosses die »Künstlerstätte Bleckede« beheimatet. Zahlreiche bildende Künstler haben hier inzwischen als Stipendiaten des Landes Niedersachsen in ländlicher Umgebung gewohnt und gearbeitet. Das Bild gibt einen Einblick in die Werkstatt von Elke Wolf, Stipendiatin 1989.

Jahrzehntelang verfielen die Gehöfte im ehemaligen »Sperrgebiet« am Ostufer der Elbe. Dieses Haus in Neuwendischthun gegenüber von Bleckede wurde als Viehstall genutzt. Von den traditionellen Verbindungen über die Elbe zeugt sinnfällig der Name des Dorfes: Altwendischthun liegt auf dem Westufer und gehört als Ortsteil zur Stadt Bleckede.

Blick auf das Ostufer der Elbe (rechts). Zwischen Boizenburg und Bleckede verkehrt wieder regelmäßig das Ausflugsschiff »Stadt Bleckede«.

stätte» wird 1990/91 die Ausstellung «Herzsprung» an Orten in der Bundesrepublik sowie im europäischen Ausland zu sehen sein. Sie wird von der Berliner Künstlerin Helga Moehrke vorbereitet und vereinigt Werke aller ehemaligen Stipendiaten.

Ein weitgehend geschlossenes Straßenbild aus alten Bürger- und Bauernhäusern, breite Straßen und viele gefällige Gärten geben der Stadt Bleckede ein geräumiges, biedermeierliches Aussehen. Am Deich entlang kann man kilometerweit spazierengehen. Seit der Gebietsreform in den 70er Jahren gehören elf Dörfer zu Bleckede. In Alt Garge, einem der Orte, wurde 1957 die Erlöserkapelle geweiht. Den Verkündigungsaltar schnitzte Otto Flath, ein Bildhauer in der Nachfolge Ernst Barlachs, aus sieben bis zu fünf Meter hohen Lindenholzsäulen. Die biblischen Darstellungen sprechen eine stille und zugleich sehr sinnliche Sprache.

Literatur: Jürgen Peter Ravens, Vom Bardengau zum Landkreis Lüneburg, 2. Aufl., Lüneburg 1985

Erich Hessing, Die Kirchen im Landkreis Lüneburg, München u. Zürich 1987

Nach Ende der Saison schießt der Spargel ins Kraut, das sich in herbstliche Farben kleidet.

Lüneburgs stolze Bürgerhäuser: In ursprünglicher Farbenpracht präsentiert sich nach der Renovierung das Portal der alten Raths-Apotheke in der Großen Bäckerstraße.

Auf «krummen Wegen» durch Lüneburg

Über 1000 Jahre lang wurde in Lüneburg Sole gefördert und Salz gesotten; 1980 stellte die Saline ihre Produktion ein. Auf dem ehemaligen Werksgelände befindet sich heute das sehenswerte »Deutsche Salzmuseum«.

Den Zweiten Weltkrieg hatte Lüneburg nahezu unversehrt überstanden. In den 50er und 60er Jahren aber sprach man von der «sterbenden Stadt». Gemeint war damit ein etwa einen Quadratkilometer umfassender Bereich der Altstadt, in dem der Boden «lebte». Mancherorts senkte sich die Erdoberfläche in einem Jahr um mehrere Zentimeter ab. Wasserleitungen und Kanalisation führten nach einiger Zeit bergauf. Im Juni 1955 taten sich auf einem glücklicherweise unbebauten Grundstück plötzlich klaftertiefe Löcher auf, die 35 Kubikmeter Schutt und Erde verschlangen, bis sie wieder aufgefüllt waren. 1983 sackte in der Nähe erneut die Erde weg. Die beiden Torpfosten einer Grundstücksauffahrt bewegten sich an einer anderen Stelle unaufhörlich aufeinander zu, so daß sich die beiden schmiedeeisernen Flügel nach Ablauf von 60 Jahren schon um 62 Zentimeter überlappten und heute vollständig übereinander geschoben haben. Die zugehörigen Wohnhäuser waren schon am 1. Mai 1931 geborsten und in sich zusammengestürzt.

Eine mysteriöse und unabänderliche Naturkatastrophe war das nicht. Seit die Saline Lüneburg am 9. September 1980 die Produktion einstellte, haben die zerstörerischen Bodenbewegungen an Intensität verloren. 1024 Jahre lang hatte die «Sülze» nachweislich dem Untergrund eine mit Salz nahezu gesättigte Sole entzogen. Im Mittelalter expandierte sie zu einem in Europa einzigartigen Industriebetrieb. In einer Zeit kleiner Handwerksunternehmen produzierte die Saline ununterbrochen Tag und Nacht jährlich 20000 bis 30000 Tonnen Salz. 300 bis 400 Personen waren auf der Sülze beschäftigt. Heute ist in einem Teil der Fabrik das wirklich sehenswerte «Deutsche Salzmuseum» eingerichtet.

Lüneburgs westliche Altstadt steht auf einem Salzstock, der mehrere Kilometer dick ist und bis etwa 40 Meter unter die Erdoberfläche emporragt. Durch Grundwasserströme und vor allem durch die Förderung der Sole entstanden Hohlräume, in die der Erdboden absackte oder hineinstürzte. Über den ersten bekannten Erdfall überliefern die «Quedlingburger Annalen» von 1013:

«In diesem Jahr geschah eine starke Bewegung in der Luft, so daß an vielen Orten Häuser einstürzten. Auch öffnete sich auf dem Lüneburger Berge eine fürchterliche Erdspalte, welche der Kirche den Einsturz drohte und den von Furcht ergriffenen Einwohnern für den Augenblick alle Hoffnung auf diesen Zufluchtsort nahm.»

Wo sich der «Lüneburger Berg» vermutlich einst erhoben hat, zieht sich heute zwischen Marienplatz und Michaeliskirche eine lange Senke hin: die Straße «Auf dem Meere». Spuren der ältesten Bebauung findet man heute in acht Meter Tiefe. Als Überrest eines versumpften Sees blieb eine Torfschicht zurück, die in vier Meter Tiefe ansetzt. In den 20er Jahren hat man sogar alte «Uferbefestigungen» aus Eichenpfählen ausgegraben. Überliefert

Weil Gipsmörtel aufquillt, hatten Lüneburgs Häuser früher »Bäuche« wie diese Erker in der Ritterstraße. Gips wurde von Karrensträflingen am Kalkberg gebrochen, der zu den Wahrzeichen der Stadt Lüneburg zählt.

ist auch, «daß bey Gründung des St. Marienklosters (1229) da wo jezt die Reitende-Diener-Gasse und das Meer liegt, ein sumpfigtes Wasser, Gösebrink (ein Gänseteich) genannt, sich befunden, aus welchem der Marien-Kirchhof als ein Berg hervorgeragt habe». Welches Ausmaß Erdstürze als Folge von Ausspülungen eines Salzstocks annehmen können, das kann man am Arendsee bei Salzwedel studieren. Nach Bodeneinbrüchen in den Jahren 815, 822 und 1685 bedeckt das Wasser heute eine Fläche von 554 Hektar. Der Arendsee ist 4,1 Kilometer lang, 2,5 Kilometer breit und 49,5 Meter tief. Daran gemessen war in Lüneburg «Auf dem Meere» doch nur ein bescheidenes Gewässer entstanden.

Blickt man vom Marienplatz in diese Straße hinunter, so kann man am «Stadtpalais», einem großen, gelb getünchten Gebäude auf der rechten Seite, sehr deutlich die Auswirkungen der durch die Jahrhunderte fortwirkenden Absenkungen betrachten. Das Portal steht offenbar auf einer festen Erdkuppe, die Fensterlinie aber fällt nach beiden Seiten ab. Die St. Michaeliskirche am Ende der Straße wird von Senkungsschäden besonders heimgesucht, denn sie steht genau auf der Abbruchkante. Vom Johann-Sebastian-Bach-Platz führen noch mehrere Stufen zu ihr hinauf, zur anderen Seite aber rutscht sie schon in die Grube «Auf dem Michaeliskloster» hinab, und zwar innerhalb von 100 Jahren um mehr als einen halben Meter. Eine ganze Säulenreihe im Innern der Kirche ist schon sichtlich aus dem Lot geraten, und über dem Hauptaltar hängt unter der Kuppel ein häßliches grünes Netz zum Schutz gegen eventuellen Steinschlag.

Doch nicht jedes schiefe Haus in Lüneburg ist ein Opfer der Bodensen-

1861 mußte St. Lamberti, die Kirche der Salinenarbeiter, abgebrochen werden. Die Sole hatte den Untergrund so sehr ausgespült, daß der Turm des 1491 erbauten Gotteshauses um 5,10 Meter aus dem Lot geraten war.

Unten: Auf kleinen, aber fruchtbaren Flächen bauen die Bardowicker ihr begehrtes Gemüse an, das sie traditionell auf dem Lüneburger Wochenmarkt anbieten.

kung. Das Predigerwitwenhaus auf dem Klosterhof hinter der Ratsbücherei, in dem heute die Jugendbücherei untergebracht ist, ist nur ein Zeugnis für «Pfusch am Bau» im 16. Jahrhundert.

«Die Balken krümmen sich, weil man an einem sicheren Fundament für die Behausung der armen alten Frauen sparte, und, wie es heißt, nur auf mit Erde gefüllten Tonnen baute», erklärt Stadtführerin Angelika Tilsner. «Die durchgebogenen Fachwerkbalken in einem Gebäude am Ende der ‹Reitenden-Diener-Straße› dagegen sind weder Senkungsschäden noch das Ergebnis von Baupfusch. Man hatte nur verwendet, was gerade zur Verfügung stand: eine schief gewachsene Eiche.»

In Lüneburg hatten die Häuser früher «Bäuche». Der über Jahrhunderte vermauerte Gipsmörtel quoll mit der Zeit in den Fugen auf und drückte die Wand nach außen. Von diesen liebenswerten «Bäuchen» sind heute leider nur noch wenige Exemplare erhalten. Besonders stolz wölbt sich noch der Giebel des prächtigen Patrizierhauses an der Ecke «Untere Ohlingerstraße»/«Auf dem Meere» und – natürlich das Backhaus in der «Waagestraße» 1 b gegenüber dem Rathaus.

Die «Einsturzgefahr» wurde in den 50er, 60er und auch noch in den 70er Jahren ziemlich übertrieben. Die Furcht kam der Neubaueuphorie der Nachkriegsjahrzehnte sehr entgegen. Die westliche Altstadt war ein heruntergekommenes, vielleicht sogar «gefährliches» Viertel, in das man nichts mehr investieren wollte. Man wünschte saubere Neubausiedlungen. Abrisse alter Gebäude im «Senkungsgebiet» wurden vom Land Niedersachsen sogar subventioniert. Anfang der 70er Jahre waren Häuser in der westlichen Altstadt schon ab 2000 DM zu kaufen. Jährlich fielen etwa 15 Gebäude dem Abrißbagger zum Opfer. Mehr als 500 Wohnungen sollten verschwinden. Daß es dazu nicht gekommen ist und daß es heute in Lüneburg etwa 100 innen und außen so schonend wie möglich restaurierte Häuser gibt, ist das Verdienst der Arbeitsgemeinschaft Lüneburger Altstadt, die der Bildhauer Curt Pomp 1972 ins Leben rief.

An den Wochenenden wurden Häuser von Privatleuten freigelegt, alte Materialien geborgen und Wand für Wand rekonstruiert. Erst nach und nach fanden sich Handwerker, die noch verstanden oder neu erlernten, wie man Handstrichziegel formt, Türen fachgerecht aufarbeitet, Sprossenfen-

Der »Stintmarkt« am alten Hafen gehört zu den schönsten Ansichten Lüneburgs.
Ab 19.00 Uhr, wenn die vielen Lokale öffnen und sich oft Hunderte von Besuchern auf dem Pflaster drängen, wird die Straße für den Kraftfahrzeugverkehr gesperrt.

ster schreinert und gegebenenfalls – auch flickt.

«Wir sammeln jedes Stückchen altes Glas, jeden alten Beschlag», sagt Curt Pomp, «suchen ihn an ursprünglicher Stelle wieder einzusetzen und damit als Dokument zu bewahren. Die vielen Menschen, die über 300, 400, 500 Jahre in einem Haus gewohnt haben, haben es geformt und immer wieder verändert. Sie haben sich in ihren Spuren verewigt, und das hat kein Neubau zu bieten! Im übrigen kommt ein Neubau von vergleichbarer Qualität und Ausstrahlung auch wesentlich teurer als die Erhaltung eines Altbaus.»

Seit 1983 inszeniert der Arbeitskreis Lüneburger Altstadt alljährlich am Ende des Sommers einen historisierenden Handwerkermarkt. In Kostümen des 16. Jahrhunderts stellen Lüneburger Handwerker, aber auch Böttcher und Seiler aus Salzwedel oder Ziseleure vom Bodensee in hölzernen Buden vor den Häusern der Altstadt ihr Gewerbe vor. An diesen Tagen hat man auch Gelegenheit, die restaurierten Privatgebäude von innen zu besichtigen, die für dieses Wochenende etwa als Weinstuben genutzt werden. Obwohl sie von außen schmal wirken, sind sie durchaus bequem und geräumig. Seit 1984 gibt es zusätzlich an einem Dezemberwochenende auch einen etwas beschaulicheren Weihnachtsmarkt.

Wo schon Lücken im Straßenbild entstanden sind, soll nach Ansicht der Arbeitsgemeinschaft etwas qualitätvolles Neues eingepaßt werden, in der Qualität so spannungsgeladen und aufregend wie die alten Häuser, die auch verschiedenen Epochen entstammen. Ein Beispiel dafür, wie Straßen, Plätze, Stadtviertel in Lüneburg zusammengewachsen sind, gibt die St. Nikolaikirche im Hafenviertel. Sie ist die jüngste

Vom »Stintmarkt« blickt man auf den »Alten Kran« und die Barockfassade des »Kaufhauses«, in dem früher alle durchreisenden Kaufleute ihre Waren den Lüneburger Bürgern anbieten mußten.

Unten: Das imposante Rathaus im Morgenlicht.

Alljährlich findet in den Straßen der westlichen Altstadt der Lüneburger »Handwerkermarkt« statt. Wie früher üblich, werden Buden vor den fachgerecht und liebevoll restaurierten Häusern errichtet. Hier zeigen Meister alter Techniken, gekleidet in Kostüme des 16. Jahrhunderts, ihr Können.

Unten: Wie eine Einladung zur Kontemplation wirkt der Innenhof des Klosters Lüne, das während der Sommermonate zu besichtigen ist.

der drei noch erhaltenen gotischen Kirchen. Als sie errichtet werden sollte, war die Umgebung längst bebaut, so daß man mit sehr beschränktem Bauplatz vorliebnehmen mußte. Um dennoch den für die Hochgotik wichtigen Eindruck von Höhe und Weite zu erzielen, griff man zum Mittel der perspektivischen Täuschung. Dadurch, daß die letzten beiden Säulen nach innen versetzt wurden und nur einen schmalen Durchblick gestatten, wird die Begrenzung des Raumes undeutlich. Sie scheint in die Ferne gerückt.

In Lüneburg achtet man seit einiger Zeit darauf, die Straßen der Altstadt mit Kopfsteinpflaster zu decken. Bürgersteige oder Gossen in der Fahrbahnmitte ziehen sich als Linien, als optische Führungen die Straße entlang und heben Krümmungen und Kurven besonders hervor. Diese Krümmungen lassen die Giebel als Zierde der Häuser beim Gang durch die Straßen nacheinander hervortreten und sich entfalten. Kurven sollten auch verhindern, daß der Wind ungehindert durch die Gassen blies, in denen die Handwerker vor den Häusern ihrem Gewerbe nachgingen. Und schließlich dienten krumme Straßen auch der Freiheit der Bürger. Kein Feind konnte die Straße beherrschen, indem er an den Enden seine Kanonen postierte. Es ließ sich doch nicht hindurchschießen!

An einigen Straßenecken findet man noch ins Mauerwerk tief eingelassene, schmiedeeiserne Ösen. Durch diese wurden früher schwere Ketten gezogen, mit denen man nachts Straße für Straße absperrte. Sie dienten als Barrikaden für eventuell einfallende Feinde und konnten einen Reiter oder geharnischten Fußgänger schon sehr behindern, ferner bei Festzügen als Schranken für das jubelnde Publikum und

schließlich als Schutzzaun gegen «aufrührerische Rotten».

Restaurierung verändert das Stadtbild. Verfallene Straßenzüge erstehen neu. Nachdem sich herausgestellt hat, daß die für norddeutsche Hansestädte typischen Backsteinbauten ehemals oft mit ungewöhnlich kräftigen Farben bemalt waren, wird sich das Stadtbild Lüneburgs vielleicht bald noch viel entschiedener verwandeln.

Literatur: Nachricht von einem neuerlich bey Lüneburg entstandenen Erdfalle, in: Annalen der Braunschweig-Lüneburgischen Churlande, hrsg. v. Jacobi und Kraut, 1. Jg., III. St., Hannover 1787, S. 153–161.

Helmut Pleß/Hanswerner Welke, Stadt auf dem Salz, 2. Aufl., Lüneburg 1959

Lüneburgs zentraler Platz »Am Sande«. Besonders stolz ist die Stadt auf die vielen für Norddeutschland charakteristischen Treppengiebel.

Der Elbeseitenkanal – ein Jahrhundertbauwerk

Der 115 Kilometer lange Elbe-Seitenkanal, der 1976 für die Schiffahrt freigegeben wurde, verbindet die Elbe mit dem Mittellandkanal.

Zu Familienausflügen mit dem Fahrrad laden die Betriebswege am Elbe-Seitenkanal ein, auf denen es kaum Steigungen gibt.

Nach neun Jahren Planung wurde mit dem Bau des Elbeseitenkanals am 6. Mai 1968 begonnen. Bis zur Eröffnung für den Verkehr am 15. Juni 1976 wurden 63 Millionen Kubikmeter Boden bewegt. Für 1,75 Milliarden DM war nach den Worten des damaligen Ersten Bürgermeisters der Freien und Hansestadt Hamburg Hans-Ulrich Klose ein «Jahrhundertbauwerk bewältigt worden».

Eine Wasserstraße von 115 Kilometer Länge und 53 Meter Oberflächenbreite durchschneidet Nordostniedersachsen. Bei Wasserständen zwischen 4,15 Meter und 4,65 Meter über der Sohle (zum Vergleich: die Sprunggrube im Lüneburger Hallenbad ist 3,80 Meter tief!) füllen 20 Millionen Kubikmeter Wasser den Elbeseitenkanal. Er verbindet die Elbe bei Artlenburg mit dem Mittellandkanal bei Sülfeld, verkürzt die Strecke flußaufwärts bis Magdeburg um 32 Kilometer und ist ganzjährig für vollbeladene Europaschiffe von 80 Metern Länge und 1350 Tonnen Tragfähigkeit mit einer Geschwindigkeit von 11 km/h schiffbar. Der Wasserweg von Hamburg zum Industriegebiet Braunschweig/Salzgitter verringert sich sogar um 240 Kilometer. Vor allem aber verbindet der Elbeseitenkanal den Hafen mit dem Industrierevier an Rhein und Ruhr. Zwei Schleusenbauwerke regulieren allein einen Höhenunterschied von 61 Meter zwischen Marsch und Geest, so daß die Fahrt nicht öfter zum Ein- und Ausschiffen unterbrochen zu werden braucht: das Schiffshebewerk Scharnebeck und die Schleuse Uelzen.

Doch was man sich wirtschaftlich von ihm erhofft hatte, hat der Elbeseitenkanal bisher nicht erfüllt. Statt eines geschätzten Verkehrsaufkommens von zwölf Millionen Tonnen pro Jahr passieren die Wasserstraße nach wie vor weniger als sechs Millionen. Von der Stahlindustrie im Raum Peine-Salzgitter, die bis vor kurzem noch in Bundesbesitz war, hatte man nämlich einen großen Teil des Frachtaufkommens erwartet. Sie zog statt dessen ein Billigangebot der Bundesbahn vor, mit dem private Binnenschiffer nicht mehr konkurrieren konnten. Dazu kam, daß die Tschechoslowakei aus politischen Gründen den Elbeseitenkanal nicht nutzen wollte, um zu ihren Hafenanlagen in Hamburg zu gelangen. Drei Häfen liegen an der Wasserstraße: Lüneburg, Uelzen und Wittingen. Ihr Umschlag betrug in den letzten Jahren um 500000 Tonnen. Den Hauptanteil verbuchte der Hafen Wittingen für sich, über den der Schwerölumschlag für die DDR abgewickelt wurde. Der Lüneburger Hafen verlor dagegen Jahr für Jahr an Bedeutung.

Für negative Schlagzeilen im In- und Ausland sorgte der Bruch des Kanals am 18. Juli 1976. Eine Summe von Pfuschereien trug Schuld daran, daß die Böschungen an der Unterführung der Landesstraße 220 bei Erbstorf dem Druck nicht mehr standhielten und sich etwa sieben Millionen Kubikmeter Wasser über einen Landstrich von 15 Quadratkilometern ergossen. 1500 Feuerwehrmänner, THW, Rotes Kreuz, Baukolonnen und Bundeswehr arbeiteten bis zur Erschöpfung, um das sich auf 200 Meter Länge rasch erweiternde Loch zu stopfen. Ein zufällig in der Nähe befindliches Frachtschiff wurde versenkt und quergelegt, einen Bergepanzer opferte man den Fluten,

Ein imponierendes Schauspiel: Das Schiffshebewerk Scharnebeck ist der Welt größtes Gegengewicht-Hebewerk. An mächtigen Stahlseilen werden in wenigen Minuten zwei 100 Meter lange und 5700 Tonnen schwere Tröge 38 Meter hoch gehoben.

20000 Sandsäcke sowie Container und Autowracks dämmten schließlich den Kanal notdürftig ab. Etwa 300 Häuser wurden beschädigt und 50 Menschen in Notquartieren untergebracht. Ertrunkenes Vieh, treibender Hausrat, entwurzelte Bäume und der Unrat des überfluteten Lüneburger Klärwerks – «Land unter bis an den Stadtrand von Lüneburg», wie sich später der Chronist Helmut C. Pless erinnerte. Auf 40 Millionen DM belief sich der Schaden; 7,3 Millionen DM kostete allein die Reparatur der Bruchstelle. Heute markieren die Unterführung der L 220 unter den Elbeseitenkanal links und rechts meterhohe Betonquader, die im Kriegsfall umgekippt werden und die Straßen blockieren sollen – Mahnmale einer zukünftigen Katastrophe.

Während die wirtschaftliche Entwicklung von Binnenschiffahrt und Hafengewerbe am Elbeseitenkanal hinter den Prognosen weit zurückgeblieben ist, ist er zu einer attraktiven Freizeitanlage geworden. Anziehend wirkt vor allem der Welt größtes Gegengewicht-Hebewerk bei Scharnebeck. Zwei 100 Meter lange, 12 Meter breite und 5700 Tonnen schwere Wassertröge werden von 224 Betonscheiben als Gegengewichten und vier Elektromotoren 38 Meter hoch gehoben. Sie hängen an Stahlseilen von 5,4 Zentimeter Durchmesser, die über große Räder in den acht Türmen des Hebewerks laufen. Ein Hebevorgang dauert vom Einschiffen bis zum Ausschiffen 15 Minuten, die Fahrstuhlfahrt selbst nur drei Minuten. Sie bildet den eigentlichen Höhepunkt für zahlreiche Ausflugsfahrten auf dem Kanal.

Sehr beliebt ist der Elbeseitenkanal unter Wassersportlern und Anglern. So beförderte das Schiffshebewerk im Juni 1989 mehr als 400 Sportboote. Aus den Kiesgruben, die während der Bauarbeiten entlang der Wasserstraße entstanden sind, sind inzwischen zahlreiche Badeseen geworden. Vor Baubeginn protestierten viele Naturschützer gegen die kommende Landschaftszerstörung, z. B. gegen die Absenkung des Grundwassers, die Umleitung von Gewässern und das Zerschneiden zusammenhängender Gebiete. Inzwischen ist das alles Wirklichkeit geworden. Zugleich hat der Wasserweg vielen Rad- und Fußwanderern bequeme neue Ziele erschlossen. Denn die Betriebswege beiderseits der Wasserstraße verlaufen nahezu vollkommen eben. Sie sind mit einem Glasgranulat gedeckt, das durch hohe Temperaturen für Fahrradreifen ungefährlich gemacht worden ist. Von diesen Betriebswegen zweigen immer wieder Pfade und Schneisen in die Marsch- oder Heidelandschaft ab. Auch Bauern nutzen den Kanal. 21 Beregnungsverbände entzogen ihm 1988 3,3 Millionen Kubikmeter relativ sauberes Wasser. Etwa 1100 Hektar landwirtschaftliche Fläche werden beregnet. Für Industriebetriebe steht der Elbeseitenkanal als Kühlwasserreservoir zur Verfügung.

Literatur: Elbe-Seitenkanal, Natur und Technik, hrsg. v. Wasser- und Schiffahrtsverwaltung des Bundes, Hamburg 1976

Horst Büttner/Dierk Schröder, Alles Wissenswerte über den Elbe-Seitenkanal, 2. Aufl., Hamburg 1984

Rechts: Blick in einen der »Fahrstuhlschächte«: Ein Schubverband ist in den Trog eingefahren; nach dem Schließen der Trogtore kann der Hebevorgang beginnen.

Das Elbstädtchen Boizenburg

An der Sudemündung in der Nähe von Boizenburg gewährt eine kaum berührte, herbschöne Landschaft seltenen Tieren und Pflanzen ein Reservat.

Die mecklenburgische Kleinstadt Boizenburg liegt nur etwa 60 Kilometer von Hamburg entfernt an der Elbe. In ihr leben 13 000 Einwohner. Nachdem im Jahre 1709 über 150 Häuser einem Brand zum Opfer gefallen waren, hat man den Ort planmäßig neu angelegt. Kreuzweise schneiden gepflasterte enge Gassen mit verwinkelten Fachwerkhäuschen etwas breitere und vornehmere Straßen. Nur das zierliche barocke Rathaus und die St. Marienkirche beanspruchen einen weiten Vorplatz für sich. Zwischen ihnen findet man ein besonders stattliches Bürgerhaus, in dem heute ein kleines Heimatmuseum untergebracht ist. Die Boizenburger Innenstadt wird noch heute von Gräben eingefriedet. Die Wälle sind hingegen längst abgetragen und in eine schöne, von hohen Linden beschattete Allee verwandelt worden. Die niedrigen Häuser der Wallstraße stehen unmittelbar am inneren Graben. Kleine Holzbrücken führen von der Promenade zu den ärmlichen, aus Brettern zusammengeschlagenen Haustüren, hinter denen die weniger betuchten Boizenburger gelebt haben. An einem der schmalen Häuser liest man die verblichene Aufschrift «Boizenburger Wasch- & Plättanstalt». Bis in die 20er Jahre unseres Jahrhunderts sollen auch in der Nähe wohnende Hausfrauen im Wasser des Stadtgrabens ihre Wäsche gespült haben, das damals noch sauber war.

Links: Das zierliche barocke Rathaus schmückt den Marktplatz des Elbstädtchens Boizenburg.

Unten: Boizenburgs Altstadt wurde planmäßig angelegt. Kreuzweise schneiden gepflasterte enge Gassen mit verwinkelten Fachwerkhäuschen die etwas breiteren und vornehmeren Straßen.

Vorbei an einer Reihe von Bauernhäusern am Lauenburger Postweg wandert man immer höher in den Mischwald des Stadtparks hinaus. Holzbrükken in erbarmungswürdigem Zustand hängen über metertiefen Klüften zwischen den Hügeln. Von der Kuppe genießt man einen Blick über die Elbe bis weit in die Lüneburger Elbmarsch hinein – ein Genuß, der durch das unablässige Dröhnen beeinträchtigt wird, das von der Elbe-Werft empordringt. Der Binnenschiffbau ist ein traditionsreicher Industriezweig im Elbstädtchen. Als zweite wichtige Produktionsstätte sind die «Boizenburger Fliesenwerke» zu nennen. Kurz bevor man aus dem Stadtpark wieder ins Freie tritt, stößt man linker Hand auf das hohe eiserne Tor des alten Judenfriedhofs. Schlichte, zum Teil Jahrhunderte alte und zerborstene Grabsteine sollen für alle Zeit das Andenken der Verstorbenen bewahren.

Literatur: Boizenburg, Beiträge zur Geschichte der Stadt, Bd. I, hrsg. v. Rat der Stadt Boizenburg, Bd. II–IV, hrsg. v. Heimatmuseum Boizenburg, 1980f.

Das Neuhauser »Amtshaus« stammt aus dem frühen 19. Jahrhundert. 1702 war das Territorium des östlich der Elbe liegenden Amtes an das Fürstentum Lüneburg gefallen. 1885 wurde es dem Landkreis Bleckede zugeschlagen, der 1932 mit dem Landkreis Lüneburg vereinigt wurde.

Das Lüneburger Amtsstädtchen Neuhaus und Umgebung

Von der stark befestigten Wasserburg aus dem 14. Jahrhundert, dem »Nyen Hus«, ist am Rosengartenweg nur noch das Pforthaus vor der ersten Zugbrücke erhalten.

Im 12. und 13. Jahrhundert dehnte sich das Deutsche Reich dauerhaft auf das von Wendenvölkern bewohnte Land zwischen Elbe und Oder aus. Als eine der ersten Burgen ließ Heinrich der Löwe (1129–1195) in Preten das «Nye Hus» anlegen und befestigen. Nach seiner Zerstörung 1345 richtete man einige Kilometer weiter südlich eine Wasserburg als zweites «Neuhaus» auf. Fünf vom Flüßchen Krainke mit Wasser gefüllte und mit Zugbrükken bewehrte Gräben sicherten den Zugang. Heute ist von der ganzen Anlage nur noch das Pforthaus vor der ersten Zugbrücke erhalten. Das langgestreckte, gelblich verputzte Fachwerkgebäude aus der Mitte des 14. Jahrhunderts trägt ein eigentümlich weit ausgreifendes Dach. Es steht an einer Straße in Neuhaus, die zu Recht Rosengartenweg genannt werden darf, und gewährt einen idyllischen Anblick.

Anfang des 17. Jahrhunderts wurde die alte Burganlage abgerissen und auf ihren Grundmauern ein Renaissancepalais erbaut. Nach dem Brand der Burg Lauenburg 1616 residierte Herzog Franz II. bis zu seinem Tode 1619 in Neuhaus. 1689 starb das Lauenburger Geschlecht der Askanier aus. Nach den Wirren des Erbfolgekrieges 1705 gelangten die Ämter, das heißt Kreise, Lauenburg und Neuhaus, an das Kurfürstentum Hannover. 1712 wurde das Schloß Neuhaus abgebrochen. Die Steine fanden unter anderem beim Aufbau des niedergebrannten Dorfes Echem zwischen Scharnebeck und Lauenburg und bei der Errichtung des Jagdschlosses Göhrde Verwendung. Aus dem frühen 19. Jahrhundert stammt das alte Neuhauser Amtshaus, ein heute als Krankenhaus genutzter schöner Fachwerkbau. Kirchenrechtlich gehört das Amt Neuhaus bis heute zum Kirchenkreis Dannenberg – ein Relikt aus der Zeit nach dem Untergang des Königreiches Hannover 1866, als die Ämter Dannenberg, Lüchow, Gartow und Neuhaus sowie die Städte Lüchow und Dannenberg zu einem Landkreis zusammengeschlossen wurden. Mit der preußischen Kreisverfassung von 1885 fiel das Amt Neuhaus an den Landkreis Bleckede, der 1932 dem Landkreis Lüneburg zugeordnet wurde. Nach dem Zweiten Weltkrieg gliederte man das Amt Neuhaus dem Kreis Hagenow an. Heute leben im Ort etwa 2000 Einwohner.

Neuhaus liegt auf halber Strecke zwischen der Sudemündung bei Boizenburg und dem Dorf Wehningen bei Dömitz. Dieser Abschnitt der Elbauen soll zu einem 122 000 Hektar umfassenden Naturschutzgebiet erklärt werden – eine Arche Noah auf unabsehbare Zeit, in der Exemplare von Tier- und Pflanzenarten überleben sollen, die andernorts längst ausgestorben sind. Jahrzehntelang, solange die mecklenburgischen Elbauen im Grenzstreifen lagen, blieben auch erholungsuchende

Nach und nach wird die Kirche in Neuhaus instandgesetzt.

Die Fachwerk-Kirche in Kaarßen ist eines der schönsten Gotteshäuser im alten Amt Neuhaus.

Touristen, Angler, Surfer und Bootsfahrer ausgesperrt. Die Dörfer verfielen und entvölkerten sich. Auch landwirtschaftlich wurden die Elbauen nur in beschränktem Maße bearbeitet. In den Tagen des politischen Wandels, in denen die Interessensphären neu abgesteckt werden, fordern Naturschutzverbände in Ost und West nachdrücklich, «eine der letzten großen naturnahen Flußmarschen Mitteleuropas zu retten».

«Die Elbtalaue wandelt sich stetig, im Hochwasser-Rhythmus wird die Marschlandschaft immer wieder neu geformt. Röhricht, Seggenrieder und Flutrasen wachsen an Flutrinnen und Senken, in Altwassern, Bracks und Weihern gibt es noch Froschbiß, Krebsschere und Seekanne. Das weitverzweigte Flußsystem der Mittelelbe beheimatet mehr als 30 Süßwasserfisch-Arten, die Hälfte ist vom Aussterben bedroht. Nach mitteleuropäischen Maßstäben kommt die äußerst seltene Rotbauchunke an der Elbe noch recht häufig vor, das gleiche gilt für Laub- und Moorfrösche. Mindestens elf Fledermausarten wurden hier gesichtet, weitere rare Bewohner sind Milane, Wachtelkönige und Schwarzstörche – zwei bis vier Paare», ließen die Naturschützer im Februar 1990 verlauten. Auch andere sensible Tierarten, «besonders Kraniche, Moorfrösche und Seeadler suchen bei geringsten Störungen das Weite». In der Elbtalaue zwischen Lauenburg und Wittenberge leben heute noch 150 Weißstorchenpaare. «Wenn die seltenen Tiere auswandern, bedeutet das ihren Tod, denn es gibt für sie keinen erreichbaren geeigneten Lebensraum.»

Auch die durch Neuhaus fließende Krainke, ein «natürlicher Flußlauf», gilt als besonders schützenswert. Süd-

Über 20 Jahre lang sammelte man im Kreis Hagenow durch Anzapfen von Kiefern Harz als Ersatz für teure Kunstharze und andere Erdölprodukte.

Unten: An den einsamen Straßen im ehemaligen Sperrgebiet bei Wehningen blühen die Apfelbäume.

östlich des Fleckens zieht sich bis Tripkau ein langgezogener Kiefernwald hin, der nicht nur Holz liefert und erholungsuchenden Spaziergängern Ruhe und Schatten spendet. Seit über 20 Jahren erzeugt man im Kreis Hagenow pro Jahr 360 Tonnen Harz als Ersatz für teure Kunstharze und andere Erdölprodukte in der Pharma-, Lack- und Farbenindustrie. Dabei geht es zu wie bei der Gewinnung von Latex auf südostasiatischen Kautschukplantagen. Auf Brusthöhe wird etwa 110 Jahre alten, 20 Zentimeter dicken Kiefern die Borke großflächig und V-förmig bis auf die Bastschicht abgeschabt, in die nach und nach in Fischgrätmuster Rillen gerissen werden. Das ausquellende Harz rinnt in einer Tropfrinne in der Mitte zusammen und wird in einem Topf aufgefangen. Wenn die Kiefern fünf bis sechs Jahre später geschlagen werden, ist das Holz so spröde, daß es zum Bau nicht mehr zu verwenden ist. «Kau-utschu» bedeutet ursprünglich «weinender Baum». Ganze Forsten im Kreis Hagenow bieten den Anblick einer gequälten Natur.

Der Kiefernwald bedeckt ein hügeliges Gelände, die «Elbtaldünen». Sie entstanden nach der letzten Eiszeit. Die Eismassen hatten die fruchtbare Erde vollkommen abgeschoben und das Gestein, das sie aus Skandinavien mit sich schliffen, meistenteils zu Sand zermahlen. Als die Gletscher abschmolzen, ließen sie Sand und Kies zurück, auf dem – auch der damals herrschenden subpolaren Kälte wegen – nichts mehr gedieh. Der Wind, der unmittelbar nach der Eiszeit hauptsächlich aus Nordosten blies, fegte den Sand nordöstlich der Elbberge zu Dünen zusammen. Inzwischen hat sich mit der globalen Klimaänderung auch

Das Ehepaar Frenzel in Herrenhof lebte über 28 Jahre nur wenige Meter vom Grenzzaun entfernt auf ihrem Gehöft.

die Hauptwindrichtung gedreht, so daß die Achsen der Hügel heute von Südwesten nach Nordosten verlaufen. Eine dieser Dünen ist noch aktiv: die Wanderdüne Stixe. Sie liegt in einem etwa zehn Hektar umschreibenden Naturschutzgebiet. Über sie erfährt man aus einem Wanderführer durch den Kreis Hagenow, daß sie eine fast ideale Parabelform besitzt, «wobei die größte Wandergeschwindigkeit am Scheitelpunkt der Düne vorliegt, im Gegensatz zu den Sicheldünen in der Sahara, wo die Flanken der Düne am schnellsten wandern. Der Grund dafür ist, daß infolge höheren Grundwasserstandes die Flanken der Dünen im humiden Klima mit Vegetation bedeckt sind, was natürlich die Winderosion einschränkt. Die Saharadünen werden nicht vom Grundwasser beeinflußt, so daß die Flanken, wo weniger Sandmengen liegen, schneller vom Wind verlagert werden als die Scheitel, wo der Sand hochaufgetürmt ist.»

Die Wanderdüne Stixe ähnelt Nordseedünen. Vom Wind gefurchte Sandrippeln wellen sich den Hang hinab. An den Seiten kümmern etwa 80 Jahre alte, infolge Nährstoffmangels verkrüppelte Sandkiefern, Silbergras, Strandhafer, Heidekraut und andere anspruchslose Gewächse, während am Leehang die Kiefern langsam begraben werden. «Die Düne wird an der Seite bestiegen», so mahnt der Wanderführer, «wo sie mit Vegetation bedeckt ist, damit das Profil der Düne nicht zerstört wird. Vom Dünenscheitel aus bietet sich ein herrliches Panorama. Es besteht ein starker farblicher Kontrast zwischen dem fast weißen Dünensand und den dunkelgrünen Kiefern. Auch der Blick in die Elbniederung ist sehr reizvoll.» Schon überlegt man, ob dieses Naturdenkmal nicht eingezäunt werden soll, um es vor allzu vielen Füßen zu schützen.

Zum Begehen und Beschauen lädt dagegen der Dammereezer Park einige Kilometer nördlich von Neuhaus ein. Wie jeder englische Garten soll er auf Spaziergänger möglichst «natürlich» wirken und ihm zugleich eine abwechslungsreiche Folge reizvoller Landschaftsbilder eröffnen. Zu diesem Zweck wurden im 18. Jahrhundert zuerst in England Hügel aufgeworfen, Teiche ausgehoben, Bäche gegraben und mit zierlichen Brücken versehen, Waldungen angepflanzt und Lichtungen gerodet. Felsen, Höhlen und sogar künstliche Ruinen wurden gemauert, wo die Landschaft sie nicht aufwies. In Dammereez war glücklicherweise ein mittelalterlicher Turmhügel schon vorhanden. Wie wenig natürlich die ideale Natur eines englischen Gartens tatsächlich ist, merkt man, wenn man ihn eine Zeitlang sich selbst überläßt: er verwildert wie der Dammereezer Park, weil er jahrelang vernachlässigt wurde. Seine Teiche trockneten aus, das Herrenhaus verfiel.

Der Landschaftsgarten umfaßt 5,5 Hektar und wurde zwischen 1800 und 1860 angelegt. Sein einzigartiges Ensemble von zum Teil sehr seltenen und exotischen Bäumen verleiht ihm internationalen Rang. 53 Baumarten, 29 Nadel- und 24 Laubgehölze sind im Park vertreten, darunter Japanische Zedern, eine herrliche Japanische Schirmtanne, mächtige Stieleichen, Tulpen- und Trompetenbäume, Sumpf-

In dem hübschen Jachthafen von Neu Darchau kräuseln sich die Wellen, die Boote schaukeln sanft im Wind.

zypressen und Kalifornische Riesenmammutbäume. In ihrer Heimat, der Sierra Nevada, sind sie in Höhen zwischen 2000 und 3000 Meter anzutreffen. Riesenmammutbäume können 120 Meter groß werden, einen Durchmesser von 16 Meter erreichen und bis zu 3200 Jahre alt werden. Sie kommen auch in ihrer Heimat selten vor. Die Exemplare im Dammereezer Park sind etwa 25 Meter hoch und 180 Jahre alt. In einem früheren Erdzeitalter, dem Tertiär, waren Sumpfzypressen und Mammutbäume auch in unseren Breiten beheimatet. Ihr Holz ist heute zu Braunkohle versteinert.

Literatur: Jürgen Peter Ravens, Vom Bardengau zum Landkreis Lüneburg, 2. Aufl., Lüneburg 1985

Eckhard Michael, Bemerkungen über Lüneburger Geschichte diesseits und jenseits der Elbe, herausgegeben vom Landkreis Lüneburg, 1987

ders., 100 Jahre Landkreis Lüneburg 1885–1985, hrsg. v. Landkreis Lüneburg, 1985

Naturkundliche und kulturhistorische Wanderungen im Landkreis Hagenow, 2 Teile, hrsg. vom Rat des Kreises Hagenow, 1982

Denkmale im Kreise Hagenow, hrsg. v. Rat des Kreises Hagenow, 1985

Mehrmals täglich verkehrt das Fährschiff »Tanja« zwischen Neu Darchau im Westen und Darchau auf dem Ostufer der Elbe.

In vielen Grüntönen präsentiert sich der Dammereezer Park dem Besucher. Er wurde zwischen 1800 und 1860 als englischer Garten angelegt und beheimatet 53 Baumarten, darunter Sumpfzypressen und Kalifornische Riesenmammutbäume.

Die Festung Dömitz

Die zerstörten Dömitzer Brücken waren ein »Symbol für die Teilung Deutschlands« wie das Brandenburger Tor. Weil die alten Pfeiler zu sehr an Festigkeit verloren haben, soll bis 1992 eine neue Straßenverbindung gebaut werden.

Sperrgebiet, Selbstschußanlagen, Minenfelder, Beobachtungstürme mit verspiegelten und getönten Scheiben, Metallgitterzäune, Hundelaufanlagen – eine unmenschliche Macht, eine sich immer mehr perfektionierende Maschinerie. Bis vor kurzem war es unvorstellbar, daß sich die Menschen von diesem Bann wieder befreien könnten. 45 Jahre lang hat man die Dömitzer Brücken ein «Symbol der Teilung Deutschlands» genannt und ähnlich hoch mit Gefühlen besetzt wie das Brandenburger Tor in Berlin. Die zweispurige Eisenbahnbrücke wurde 1872/73 errichtet. Sie entstammt damit einer Zeit, die sich durch altertümelndes Beiwerk wie Brückentürme und fachwerkartige Eisenkonstruktion selbst zur «großen», zur «guten alten Zeit» stilisierte. Die kalte Menschenfeindlichkeit der Grenze und die auf die andere Seite der Elbe zustrebenden Bögen bildeten denn auch tatsächlich einen symbolträchtigen Kontrast.

Früher verband die Eisenbahnbrücke Lüneburg über Dannenberg mit Wittenberge und weiter mit Berlin. Eine andere Strecke führte von Hannover über Uelzen, Dannenberg und Ludwigslust zu den Ostseebädern, nach Wismar, Rostock und Warnemünde. Schon in den 20er Jahren genügte die Brücke der gewachsenen technischen Belastung nicht mehr. Sie wurde nur noch einspurig befahren, durfte aber auch von Fußgängern passiert werden. Bis kurz vor Ende des Zweiten Weltkrieges bot sie wie die etwa zwei Kilometer elbabwärts gelegene, 1936 erbaute Straßenbrücke vielen entwurzelten Menschen den Übergang über die Elbe. Am 20. April 1945 gegen 16.30 Uhr bombardierten und beschossen fünf englische Jagdbomber beide Brücken, die von Wehrmachtssoldaten schon zur Sprengung vorbereitet worden waren, und zerstörten sie. 1978 ließ die Bundesbahn die drei vom westlichen Ufer in die Elbe hineinragenden Bögen der Eisenbahnbrücke abbrechen, weil sie die Schiffahrt gefährdeten. Die Brücke ruhte auf insgesamt 25 Pfeilern. Die 360 Tonnen schweren und 35 Meter langen Stahlbögen wurden hydraulisch auf schwimmende Pontons abgesenkt und fünf Kilometer stromabwärts in Damnatz zur Verschrottung an Land gehievt. 150 Kilogramm Sprengstoff wurden für jeden Pfeiler benötigt. Im Sommer 1987 demontierten DDR-Soldaten die übrigen aus dem Fluß ragenden Pfeiler. Beides konnte nur mit Billigung der Bundesregierung geschehen, der man damals vorwarf, ein «Mahnmal» zu beschädigen.

Auf dem Westufer der Elbe gegenüber von Dömitz liegt Kaltenhof. Das Dorf, in dem heute 36 Einwohner leben, orientierte sich bis 1945 ganz nach dem nahen Dömitz, einer Stadt mit ge-

Einzigartig in Nordeuropa ist die in ihrer ursprünglichen Form noch erhaltene Zitadelle von Dömitz. 1559 bis 1565 wurde sie von dem italienischen Festungsbaumeister Francesco à Bornau errichtet. Ihre fünf Bastionen tragen die klangvollen Namen »Cavalier«, »Burg«, »Greif«, »Drache« und »Held«.

Unten: Über einen breiten Graben und durch meterdicke Mauern führt der Weg ins Innere der Festung, die von den Bewohnern der Stadt im 30jährigen Krieg mehrfach wieder instandgesetzt werden mußte.

genwärtig 3000 Einwohnern. Als einziger Ort im ganzen Umkreis gehörte das Dorf sogar zu Mecklenburg und nicht zu Niedersachsen. Obwohl die Eisenbahnbrücke niemals förmlich stillgelegt wurde, wird sie sicher nicht wieder instandgesetzt werden. Anders die 960 Meter lange Straßenbrücke: Schon in den 70er Jahren hatte sich die niedersächsische Landesregierung für die Wiederherstellung der alten Fernstraße 191 über Dömitz an Stelle der später verwirklichten Nordtrasse der Autobahn Hamburg–Berlin ausgesprochen. Da der Schwerlastverkehr zwischen Ost und West in den nächsten Jahren aber erheblich zunehmen wird, soll bis 1992 für 91 Millionen DM eine neue Straßenbrücke entstehen. Denn die Pfeiler der alten Verbindung sind von Treibmineralien soweit zersetzt, daß sie abgebrochen werden müssen.

Dömitz ist aber nicht nur für seine Elbbrücken bekannt. Seine aus dem 16. Jahrhundert stammende Flachlandfestung ist die einzige ihrer Art, die heute in Nordeuropa noch in ursprünglicher Form erhalten ist. Auf meterdikken Mauerresten einer mittelalterlichen Burg aus drei massiven Türmen ließ Herzog Johann Albrecht I. von Mecklenburg zwischen 1559 und 1565 nach italienischem Vorbild eine Zitadelle erbauen.

«Die Zitadelle», schreibt der Historiker Hartmut Brun, «hat die Form eines gleichmäßigen Fünfecks. An den Ekken befinden sich Bastionen mit Namen ‹Cavalier›, ‹Burg›, ‹Greif›, ‹Drache› und ‹Held›. Die Bastionen beherbergten Kasematten, die der Verteidigung und der Aufnahme von Munition und Proviant dienten. Die Mauern zwischen den Bastionen heißen Kurtinen. Umgeben ist die Festung von einem Wassergraben und dem Gegenwall, dem ‹contre escarpe›. Betreten konnte man die Festung über eine Zugbrücke. Der Damm, der heute Stadt und Festung verbindet, wurde erst zu Beginn unseres Jahrhunderts aufgeschüttet. ... Die 1565 im Innenhof erbauten Gebäude sind bis auf das Kommandantenhaus, in dem sich heute das Heimatmuseum befindet, durch jüngere ersetzt worden. Aber die Festung als ganzes hat die Jahrhunderte überdauert und steht noch in der Gestalt vor uns, die ihr einst der Baumeister Francesco à Bornau gegeben hat.» So steht es im «Führer durch das Heimatmuseum Dömitz», das 1953 von dem Lehrer Karl Scharnweber gegründet worden ist. Es zeigt sehenswerte Ausstellungen zur Elbe als Lebensader der Stadt, zum Bau der Brücken, zur Festungsgeschichte, ferner eine originalgetreu eingerichtete alte Dömitzer Apotheke und anderes mehr.

Für die Einwohner von Dömitz bedeutete die Nähe der Festung alles andere als eine Garantie für ein Leben in Sicherheit. Im Dreißigjährigen Krieg (1618–1648) mußte die Stadt die wechselnden Garnisonen verpflegen, die Plünderungen der Belagerer ertragen und nach jeder Schlacht die zusammengeschossenen Verteidigungsanlagen unter großen Anstrengungen wiedererrichten. Im Oktober 1635 ließ die schwedische Besatzung sogar die ganze

Östlich von Dömitz liegt Lenzen, ein Ort mit langer Geschichte. Im liebevoll eingerichteten Heimatmuseum befindet sich u.a. auch diese Küche aus der Zeit der Jahrhundertwende.

Unten: Der niederdeutsche Dichter Fritz Reuter war der prominenteste Gefangene auf der Festung Dömitz. Hier saß der Schöpfer des »Entspekters Onkel Bräsig« von Juni 1839 bis August 1840 seiner politischen Ansichten wegen in Haft.

Stadt niederbrennen, um freies Schußfeld auf den heranrückenden Feind zu gewinnen. Den Bewohnern blieb nur die Flucht in die Wälder. Obwohl in der Festung bereits 1755 ein «Zucht- und Tollhaus» eingerichtet worden war, wurde sie im Siebenjährigen Krieg (1756–1763) und sogar während der Napoleonischen Kriege noch wiederholt zum militärischen Objekt. Wer heute als Besucher der Zitadelle einmal in eine der «Kasematten», in einen der Keller unter den Bastionen, hinabsteigt, erhält immer noch einen kleinen Eindruck von dem rohen Soldatenleben früherer Jahrhunderte. Er blickt aus winzigen Schießscharten und stellt sich vor, welch ein Höllenlärm losgebrochen und welch ein schwefelstinkender Qualm in dem wohnzimmergroßen Raum hinter ihm geherrscht

haben mag, wenn die Kanonen abgefeuert wurden.

Fritz Reuter (1810–1874), der humorvolle mecklenburgische Dichter, ist der bekannteste Gefangene der Festung Dömitz, wo der Schöpfer des «Enspekters Onkel Bräsig» von Juni 1839 bis August 1840 in Haft saß. Am 31. Oktober 1833 war er in Berlin wegen «hochverräterischer» Bestrebungen festgenommen, ein Jahr später zum Tode verurteilt, dann zu dreißigjähriger Festungshaft begnadigt worden. Sein ganzes «Verbrechen» bestand darin, im Königreich Preußen ein «swart-roth-goldner» Mensch gewesen zu sein. «Die Leute wundern sich, wie einer Demokrat werden kann», schreibt Reuter. «Als wir eingesperrt wurden, waren wir es nicht, als wir herauskamen, waren wir's Alle.» Weitere viereinhalb Jahre war er in dunklen und krankmachenden Kasematten preußischer Festungen eingesperrt, in denen ihm nicht einmal die Teilnahme an Gottesdiensten vergönnt war, bevor er durch Vermittlung des Großherzogs von Mecklenburg nach Dömitz gebracht wurde. Hier gewährte ihm der alte Festungskommandant v. Bülow alle erdenklichen Freiheiten. Reuter bewohnte ein bequemes Zimmer und durfte die Zitadelle sogar täglich für mehrere Stunden verlassen, um seine Tante zu besuchen oder in der Elbe badenzugehen. In der ehemaligen Festungskapelle befindet sich heute eine Gedenkstätte für den gerngelesenen niederdeutschen Schriftsteller und Dichter.

Literatur: Festung Dömitz, Ein Führer durch das Heimatmuseum Dömitz, mit Beiträgen von Jürgen Scharnweber, Karl Scharnweber und Hartmut Brun, 1986

Dömitz, 750 Jahre Stadt und Festung, hrsg. v. Rat der Stadt Dömitz, 1986

Kopfweiden sind typisch für die naturnahen Elbtalauen wie hier bei Wussegel in der Nähe von Hitzacker.

Zwischen 1706 und 1709 ließ sich Kurfürst Georg Ludwig, der spätere König Georg I. von England für seine monatelangen »Jagdlager« in der Göhrde ein prächtiges Schloß mit vielen Nebengebäuden erbauen. 1827 wurde es abgerissen. Den ehemaligen Marstall aber ließ sich Kaiser Wilhelm I. für seine kurzen Jagdaufenthalte zu einem kleinen Schlößchen umbauen.

Die Göhrde – Waldland mit Geschichte

Wer heute von Norden her in den Ort Göhrde einfährt, spürt beim Anblick der großzügigen, weitläufig angeordneten Fachwerkbauten und Lindenalleen augenblicklich etwas von der herrschaftlichen Atmosphäre, die einmal hier geatmet wurde. Mitten in einer hügeligen Waldlandschaft lag einst ein prächtiges Schloß mit Treppen aus Marmor und marmorgetäfelten Fluren, mit einem lindenbestandenen Park, einer Allee von Pyramidentannen, einem höfischen Theater, einem Pagenhaus, einer Konditorei, einem Eiskeller, Ställen für etwa 500 Pferde und anderen Gebäuden. Etwas abseits stand sogar ein eigenes Schlachthaus. Louis Remy de la Fosse, der Hofarchitekt, hatte die Schloßanlage entworfen. Den Neubau beaufsichtigte Marchese Giacomo Quirini, der Kammerherr und Baudirektor des Kurfürsten, der schon den Umbau des Schlosses Herrenhausen bei Hannover geleitet hatte. Drei Jahre, von 1706 bis 1709, dauerten die Arbeiten, für die Kurfürst Georg Ludwig, der nachmalige König Georg I. von England, die gewaltige Summe von 47740 Talern aufwandte. In den folgenden Jahren wurde der Gebäudekomplex sogar noch erweitert. Im Schnittpunkt eines Kreuzes von Alleen junger Linden lag das Schloß. Alt geworden, säumen sie heute noch die Straßen nach Dübbekold und Dannenberg. 1977 mußten ihre Kronen leider gestutzt werden. Einige Bäume wurden geschlagen. Man versuchte, sie teils durch Stockausschläge aus ihren eigenen Wurzeln, teils durch Neuanpflanzungen zu ersetzen. Die gelb getünchten Fachwerkbauten im Ort Göhrde gehörten einst als Nebengebäude zur Schloßanlage.

Zwischen 1707 und 1753 zog der Hof beinahe Jahr für Jahr von September

bis November hierher ins «Jagdlager». Für die Bauern der Umgebung bedeutete das zusätzlich zum Frondienst für die Grundherren, der ohnehin schon den größten Teil des Jahres beanspruchte, enorme Belastungen. Pferde, Wagen und Kutschen mußten gestellt werden. «Der König mußte von Hannover oder anderswo mit allem Gefolge, Gästen, der Bagage, Küchentroß, Pferden, Hunden abgeholt und auch wieder zurückgebracht werden», erklärt der Nahrendorfer Bürgermeister Karlheinz Genzel. «Pflichtig waren jedoch nur die Bauern, die Städte und ihre Bürger wurden nicht herangezogen. Nach den Unterlagen

Für die Jagd nahm sich Kaiser Wilhelm II. nur wenig Zeit. Damit er nicht beschwerlich per Kutsche anzureisen brauchte, wurde ihm in Pommoißel am Rande des Waldgebietes ein Bahnhof errichtet.

waren die Dienste bis 1719 frei zu leisten, es gab bei Ableistung nur gewisse ‹Pröven›, das heißt, es wurden ein ‹Tranck› gereicht und ein Stück Brot. Neben der Verpflegung der Menschen mußte das Futter für Pferde und Hunde erbracht werden. Außer den An- und Abtransporten waren im Schloß selbst die mannigfachsten Dienste zu erbringen. Heizungsmaterial mußte geschlagen und angefahren werden, Treiberdienste waren zu leisten, Dienst an den Netzen, Büchsendienste und vieles mehr.» Die Bauern hatten Pferde und Hundemeuten zu warten – und schließlich das Schloß auch wieder zu reinigen.

Die Göhrde, damals beinahe reiner Laubwald, durchschnitten zahllose Schneisen und Routen, von denen manche heute noch erkennbar sind. Im Mittelpunkt des Waldes liefen die Hauptadern zum «Großen Stern» zusammen. An diesem und ein paar anderen Orten befanden sich während der Jagd Stationen zum Wechseln der Pferde und Hundemeuten. Denn gejagt wurde «Parforce». Den Winter über wurde das Wild aufwendig gefüttert. Da die Göhrde keine natürlichen Tränken anzubieten hatte, mußten Wasserkuhlen gegraben und saubergehalten werden. «Schwarzes Wasser», «Runde Kuhle», «Waschkabelkuhle», «Wolfskuhle», «Großes Suhl» – besonders reizvoll ist der «Kleine Suhl» mit der «Marieninsel» etwa auf halbem Wege zwischen den Forsthäusern Hohenfier und Röthen.

Heute befindet sich dort der einzige öffentliche Wildbeobachtungsposten in der Göhrde. Wo aber die einzige Quelle in dem sonst trockenen Wald entspringt, errichtete man das Schloß.

Das Barock war das Zeitalter des Zeremoniells, der Etikette. Jeder spielte die Rolle, die für seinen Stand vorgeschrieben war. Ein König hatte zu glänzen. Gelegentliche Großmut gehörten zu seiner Rolle ebenso wie zuweilen vollführte Grausamkeit. Die bevorzugte Art der Jagd entsprach diesem Muster. Hunderte von Menschen und Tieren arbeiteten auf den Moment hin, an dem der auserkorene Hirsch von der mehrstündigen Hatz völlig entkräftet sich stellte und durch den Fürsten den Todesstoß empfing. In den zwei bis drei Monaten des «Jagdlagers» wurden auf diese Weise nur zwischen sechs und sechsunddreißig Hirsche erlegt.

Während der Barockfürst sich symbolisch in der Grausamkeit übte, die seine Rolle von ihm verlangte, rationalisierte Kaiser Wilhelm II., der letzte herrschaftliche Jagdherr in der Göhrde, den Jagdbetrieb. «Die Jagdaufenthalte waren jeweils nur sehr kurz. Kaiser Wilhelm II. erschien gewöhnlich gegen Mittag in der Göhrde und fuhr am nächsten Tag abends wieder ab. Meist fanden drei große Jagden statt: zwei Saujagden (Suchen mit der Saufindermeute in eingestellten Jagen) und ein Lappjagen auf Rotwild», schreibt der Historiker Jürgen Prüser. Die Gesamtstrecke der letzten Hofjagd am 30. und 31. 10. 1913 betrug: 64 Hirsche, 90 Stück Rotwild, 288 Stück Schwarzwild, 4 Rehe und 1 Hase. Man umspannte das Revier mit Netzen und Tüchern. Dann wurde das Wild am Schießstand seiner Majestät und der in Rangordnung nach ihm plazierten Gäste vorbeigetrieben, die auf alles schossen, was nicht vorher «durch die Lappen» gegangen war. Zwei Büchsenspanner hinter dem kaiserlichen Nimrod luden immer nach. Ein solches «Abschießen» bevorzugte schon Kaiser

Nur wenige Menschen leben in der Göhrde, die ein reines Jagdgebiet bleiben sollte. In Riebrau, einem verträumten Dorf am Rande des Waldgebietes, steht diese hübsche Fachwerkkirche.

Wilhelm I.. Von der Hofjagd 1872 heißt es in einer Notiz des damaligen Oberförsters: «Es war eine höchst erregte Jagd, die Kanonade der Schützen war gewaltig, es fielen über 2000 Schüsse.» Aus dem pompösen Zeremoniell des Barock war Jagdkitsch, war eine Massenproduktion von Trophäen geworden.

1827 wurde das Schloß abgerissen, nachdem der englische König Georg III. während seiner langen Regentschaft von 1760 bis 1820 kein einziges Mal zur Jagd in die Göhrde gereist war und sich niemand mehr fand, der es erhalten und nutzen wollte. Übrig blieb ein blinder Spiegel, der im Heimatmuseum in Dahlenburg aufbewahrt wird. Dort sind auch Reproduktionen der wenigen Bilder von der Schloßanlage zu betrachten. Den preußisch-deutschen Kaisern genügte für ihre kurzen Jagdaufenthalte später der zu einem bescheidenen Jagdschlößchen umgebaute ehemalige Marstall, der Hauptpferdestall. Das langgestreckte, eingeschossige Haus mit den auffallenden zweigeschossigen Pfeilern an beiden Enden und dem zierlichen Uhrenturm auf der Dachmitte wird heute von der Heimvolkshochschule bewohnt.

Erst seit dem Zweiten Weltkrieg steht die Göhrde als erholsame Landschaft für jedermann offen. Fast einhundert Jahre, von 1850 bis 1945, war der Wald rundum eingegattert, um das Entweichen des Wildes zu verhindern und Unbefugte fernzuhalten. Wer durchfahren wollte, mußte sich von einem Torwärter erst ein Rolltor von der Straße schieben lassen. Die beiden 1895 erbauten Torwärterhäuschen an der Bundesstraße 216 bei der Abfahrt nach Pommoissel können heute von der Forstverwaltung als Ferienwohnungen gepachtet werden.

Nicht nur als Jagdrevier, auch als «Hudewald», als «Tiergarten» diente die Göhrde bis weit ins 19. Jahrhundert. Man trieb Rinder und Schweine zur Eichelmast in den Wald. Zu diesem Zweck kultivierte man vor Jahrhunderten die «Traubeneiche», mit kurzem Stamm und weiter Krone. In Trauben reiften an ihr besonders dicke Früchte. Heute schätzt man diese Eichen nicht mehr wegen des festen und aromatischen Schinkens, den man durch Eichelmast erzeugte, sondern wegen ihres relativ weichen Holzes. Gute Balken lassen sich aus Traubeneichen zwar nicht schneiden – den raschen Verfall des Jagdschlosses von 1706 bis zum Abbruch 1827 führte man seinerzeit vor allem auf die Verwendung von Göhrder Eichenholz zurück. Dagegen geben 200–300jährige Traubeneichen ein vorzügliches Furnierholz, das mit etwa 7000 DM pro Festmeter gehandelt wird.

Das Naturschutzgebiet Breeser Grund, einen Heidelandstrich nahe dem Ort Riebrau an der Göhrde, prägen noch heute die zerzausten alten Hudeeichen. Andere zu Heide verödete ehemalige Viehweiden wurden mit Nadelhölzern aufgeforstet. Heute bedeckt die Kiefer etwa 65 Prozent des staatlichen Göhrdeforstes, während der Laubholzanteil nur etwa 22 Prozent beträgt. Bis zum Jahr 2006 soll er sich durch Anpflanzungen von hauptsächlich Eichen und Kiefern-Buchen-Mischwald auf 24 Prozent erhöhen. Vermehren soll sich auch der Anteil alter und mittelalter Bäume, indem dem Wald jährlich nur etwa 20000 Festmeter Holz entnommen werden, während im gleichen Zeitraum 36000 Festmeter hinzuwachsen. Vom Waldsterben bleibt

Seit 1945 steht die Göhrde jedem Wanderer und Fahrradfahrer offen. Der ausgedehnte Fichten- und Laubmischwald lädt zu erholsamen Touren ein.

die Göhrde leider nicht verschont. Besonders Fichten sind betroffen.

Die Göhrde ist ein Reservat für viele seltene Pflanzen und Tiere. Ein Kuriosum sind die Mufflons, Wildschafe aus Sardinien, die der Hamburger Kaufmann Tesdorpf 1903 dem Hofjagdamt zum Geschenk anbot. 1911 schoß Kaiser Wilhelm II. die ersten beiden stattlichen Muffelwidder. Heute streifen etwa 200 Mufflons durch die Göhrde. Der ahnungslose Wanderer meint Pferde herangaloppieren zu hören, bevor sie an ihm vorüberpreschen. Etwa ebenso viele Wildschweine bevölkern die Göhrde. Aufbrüche im Waldboden zeigen an, daß dort «Schwarzkittel» nach Würmern in morschem Wurzelholz gewühlt haben. In der Nähe von Wasserkuhlen stößt man auf ihre Fährten. Über den Weg läuft dem Spaziergänger tagsüber allerdings kaum einmal eines. So sind Eltern wie Kinder mit einer sicheren Begegnung über den Zaun hinweg zufrieden: Im Wildschweingehege beim «Hotel zur Göhrde» schnüffeln, wühlen, grunzen und schubsen sich immer einige Tiere. Sie lassen sich vielleicht mit Rüben füttern und über die Borsten streichen – und vermitteln doch auch den kleinen Schrecken über ihr Wildschwein-Benehmen, den vor allem die Kinder von ihnen erwarten. Wer die Naturgeschichte und verborgene Tier- und Pflanzenwelt der Göhrde näher ken-

Etwa 200 Wildschweine bevölkern die Göhrde, doch wird man kaum auf freier Wildbahn mit ihnen zusammentreffen. Das Wildschweingehege beim Hotel »Zur Göhrde« ist eine Attraktion für jung und alt.
Unten: Um die zur Kirche gehörenden Wiesen kurz zu halten, züchtet Pastor König in Nahrendorf Ziegen und Zwergzebus, die in Asien beheimatet sind.

Das einzige größere Gefecht der »Befreiungskriege« gegen die napoleonische Herrschaft in Norddeutschland fand 1813 an der Göhrde statt. Erst 1984 wurde das Grab der Gefallenen entdeckt.

Unten: Der Drache »Sinomantros/Sinomantra« liegt im Ort Göhrde, dem Tor zum Wendland, auf der Lauer – als Symbol der Atomkraftgegner.

nenlernen möchte, dem wird sie anschaulich im «Waldmuseum» an der Allee nach Dübbekold vorgestellt und erläutert. Es wurde 1985 im ehemaligen «Celler Stall» eröffnet.

Im Eingang des Museums steht aufgeschnitten ein dreihundert Jahre alter Eichenstamm. Seine Jahresringe werden in Beziehung gesetzt zu gleichzeitigen historischen Ereignissen, um an ihnen die Lebensdauer eines solchen Baumes ermessen zu können. 1813, um die Mitte seiner Zeit, ist an ihm die «Göhrde-Schlacht» vorübergezogen. 1803 waren napoleonische Truppen ins Kurfürstentum Hannover einmarschiert. Seit 1810 gehörte die Göhrde zum Königreich Westphalen unter der Herrschaft Jérôme Bonapartes, Napoleons jüngstem Bruder. Napoleon war der Erbe der Französischen Revolution. Wohin er kam, hob er die alten Standesvorrechte auf, befreite er die Bauern vom Frondienst und die Bürger vom Zunftzwang. Er führte von den Regierungsinstanzen unabhängige Gerichte ein und schuf mit dem «Code Napoleon» ein für alle ohne Ansehen der Person gleichermaßen geltendes Recht. Mehrfach versuchte er, mit den alten Mächten Europas Frieden zu schließen. Mal für Mal aber verschworen sich übermächtige Koalitionen gegen ihn, die er angreifen und schlagen mußte, bevor sich ihre Armeen formiert hatten. Was nützte es aber der deutschen Landbevölkerung, daß er den alten Adel vom Thron stieß und die Bauern vom Frondienst befreite, wenn sie statt dessen ständig unter den Plagen des Krieges leiden mußten? Einquartierungen, Requirierungen, Aushebungen, Plünderungen. Die Einberufung der Söhne drückte Hof und Familie am Ende mehr als alle Abgaben an die vormaligen Grundherren. Es

Eine Tanzgruppe in Alt-Lüneburger Tracht dreht sich im Takt bei einem Fest auf dem Hof Harwege in Ahndorf.

wuchs die Bereitschaft, sich in «Befreiungskriegen» der neuen Unterdrükkung zu entledigen – nicht aber die alten Lasten wieder auf sich zu nehmen.

An der Straße von Oldendorf nach Göhrde steht ein Hinweisschild auf das «Görde-Schlacht-Denkmal», das 1839 zur Erinnerung an den 16. September 1813 auf der «Steinker Höhe» errichtet wurde. Nicht weit davon entfernt reckt sich ein schlichter Feldstein auf einem Massengrab wie ein mahnender Finger in die Höhe. An jenem Tag hatte dort das einzige größere Gefecht dieser kriegerischen Jahre in Norddeutschland stattgefunden. Einem zuverlässig wirkenden Bericht im «Neuen Vaterländischen Archiv» von 1823 zufolge versuchten sich 5000 bis 6000 Mann einer französischen Division vergeblich gegen «zusammen ohngefähr 10000 Mann» verbündeter Russen, Hannoveraner, Engländer und Preußen zu behaupten. Am Ende ist die Rede von «den vielen Todten und Verwundeten, die auf dem Schlachtfelde liegen blieben und gewiß bis auf 1800 sich beliefen». Zu den Entsetzlichkeiten dieses «Treffens bei der Göhrde» gehörte der erste Einsatz von Raketengeschossen auf deutschem Boden: «Die Englischen Kanonen warfen verschiedentlich Brandraketen in die feindlichen Maaßen, und überschütteten diese gleichsam mit Feuer, welches sich selbst an die Kleidungsstücke heftete und festbrannte, wie solches folgenden Tages bei denen nach Dannenberg transportirten Bleßirten und Gefangenen noch zu sehen war.»

1984 fanden der Zollbeamte Manfred Rast und der Nahrendorfer Bürgermeister Karlheinz Genzel heraus, daß die Toten in dem breiten und tiefen «Planckgraben» bestattet worden waren, der damals an diesem Ort die Akkerflur von der Gemeindeweide getrennt hat. Die Bodenwellen in dem heute von Wald bedeckten Gelände zeugen noch von der Armut jener Zeit: Die Felder waren jeweils nur zwei bis drei Sensenstrich breit gewesen. Um nichts von der kostbaren Ackerkrume an den Nachbarn zu verlieren, hatten die Bauern die Erde nach innen zu Hügeln zusammengepflügt.

Im Dahlenburger Heimatmuseum wird ein großes Zinnfigurendiorama zur «Göhrde-Schlacht» ausgestellt. Man kann dieses Ereignis nicht abhandeln, ohne auch von der jungen Frau zu sprechen, die sehr bald als vaterländische «Jeanne d'Arc» verehrt wurde. Im Lützowschen Freiwilligencorps «hatte ein Mädchen in der gewöhnlichen Kleidung des Corps seit der Errichtung, ihres Geschlechts unerkannt, gedient; sie war, gleich ihren Cameraden, in dem Göhrder Walde, und ferner gegen den Steinker-Hügel in die Feinde gedrungen, schon selbst durch einen Schuß verwundet, wollte sie den an ihrer Seite durch den Leib geschossenen Oberjäger Hedrich vom Schlachtfelde wegtragen, als sie einen zweiten Schuß erhielt, der ihr den Schenkelknochen zerschmetterte. Sie stürzte, und als man beide neben einander liegen fand, vertrauete sie ihr Geheimniß einem Offizier an, um beim Verbande geschont zu werden und jedem Aufsehen zu entgehen. Sie hieß Eleonora Prochaska, und war die Tochter eines Invaliden-Unteroffiziers von der Preußischen Garde, nachher Musiklehrers in Potsdam. Sie war groß und ansehnlich gewachsen, vier und zwanzig Jahr alt und hieß unter ihren Cameraden der Jäger Renz.»

Was sonst über sie erzählt wird, gehört ins Reich der Legende. Erfunden hat sie ein Dichter namens Friedrich Förster, der mitangesehen haben will, wie die verwundete Eleonora Prochaska trommelnd ihren Kameraden voran in den Tod gezogen sei. Endlich erreicht seine Geschichte den «unvermeidlichen» Höhepunkt: Man hatte dem Jäger Renz «den beklemmenden Waffenrock geöffnet; der schneeweiße

Diese herrliche Allee zweigt von der Bundesstraße 216 nach Neetzendorf ab (rechte Seite).

Wogende Felder, an deren Rändern Ackerblumen blühen, begrenzen den Göhrdewald.

Busen verriet in pochenden Schlägen das jungfräuliche Heldenherz». Die folgenden 19 qualvollen Tage bis zu ihrem Tod an Wundbrand am 5. Oktober 1813 werden von allen Dichtern, die sich dieses Stoffes bedienten, unterschlagen. Die Realität eines «Heldentodes» wirkt eben wenig begeisternd. Die Witwe des Dannenberger Schusters Lübbers, bei der die Verwundete einquartiert wurde, berechnete später: «Von die blessierte Frauensperson, die gestorben, gehabten Schaden an Betten und Laken 5 Reichstaler.»

Auf dem Dannenberger St.-Annen-Kirchhof liegt Eleonora Prochaska begraben. Ihr Grabstein trägt die peinliche Inschrift: «Sie fiel verwundet im Schlachtgewühl mit dem Ausrufe ‹Herr Leutnant, ich bin ein Mädchen›.»

Nach dem Ende der «französischen Fremdherrschaft» herrschte wieder der englische König Georg III., der dreißig Jahre zuvor deutsche Untertanen gezwungen hatte, im Unabhängigkeitskrieg auf die amerikanischen Siedler zu schießen, der aber zeit seines Lebens die hannoverschen Stammlande niemals betreten hat. Ungenutzt ließ er auch das Jagdschloß Göhrde verfallen.

Literatur: Die Göhrde, Ein Beitrag zur Geschichte des Jagd- und Forstwesens in Niedersachsen, von Jürgen Prüser, Hildesheim 1969

Neues Vaterländisches Archiv . . . des Königreichs Hannover, 4. Band, Lüneburg 1823, S. 326–346

Die Schlacht bei der Göhrde . . . von Benno Bode, Hannover 1913

Die Schlacht an der Göhrde, 16. September 1813, von Hermann Reuscher, Hrsg. Landkreis Lüneburg o. J.

1798 wurde die alte Ratsapotheke in Bad Bevensen erbaut. Im Sommer überzieht sich die Fachwerkfassade des Hauses bis unters Dach mit üppigem Grün.

Zur Kur nach Bad Bevensen

Bad Bevensen bietet dem Gast vielfältige Bäder und Kurmittel sowie zahlreiche Freizeiteinrichtungen an.

Zu den Mannen Heinrichs des Löwen gehörte 1162 ein Graf von «Bevenhusen». Über 750 Jahre dauerte es, bis dem Flecken 1929 das Stadtrecht verliehen wurde. 1964 entdeckte man eine sprudelnde «eisenhaltige Natrium-Calcium-Chlorid-Sol-Therme».

Damit begann die neuere Geschichte der Stadt, die 1976 ihren Namen zu «Bad Bevensen» erweiterte. Heute leben in der Samtgemeinde etwa 17600 Menschen. Außer dem «Hamburgischen Krankenhaus» gibt es in Bad Bevensen eine Diabetes-Klinik, zwei Fachkliniken für physikalische Medizin und Rehabilitation, eine Herz-Kreislauf-Klinik und eine Privatklinik für psychosomatische Erkrankungen. Im Zentrum der Stadt aber liegt das Kurhaus, umgeben von einem gepflegten Park am Ufer der Ilmenau. Hier finden regelmäßig Kurkonzerte, Tanzveranstaltungen, Bunte Abende, Dia-Vorträge und Lesungen statt. Schwimmen im Rosenbad, Reiten in der Natur, Tennis und Gymnastik, geführte Wanderungen und Radtouren bieten Entspannung und Erholung. Seit 1990 verbindet eine Brücke über den Fluß den Kurpark mit einem Netz von Waldwanderwegen. Pensionen, Sanatorien, Kurheime, Bäder, Freizeiteinrichtungen und eine auf den Kurpark hin erweiterte Fußgängerzone – der Kurbetrieb hat Bad Bevensen bekannt gemacht und prägt sein heutiges Stadtbild.

Uelzen und sein

Daß Uelzen einst eine Hansestadt gewesen ist, bezeugen neben der Propstei (im Bild) auch das Gildehaus und die Heiligengeistkapelle, drei feingegliederte Gebäude der norddeutschen Backsteingotik um 1450.

Im Jahre 1006 wird erstmals ein Nonnenkloster in «Ullishusun» an der Wipperau, einem Zufluß zur Ilmenau, erwähnt. Von dort zogen um das Jahr 1250 etwa 200 bis 250 Menschen mit ihren Fachwerkhäusern und aller Habe auf eine Insel in der Ilmenau am Rande des «Löwenwaldes» – so nannte man damals den heutigen Stadtwald. Daß Uelzen einst eine Hansestadt gewesen ist, bezeugen noch heute das Gildehaus, die Propstei und die Heiligengeistkapelle, drei herrliche, feingegliederte Gebäude der norddeutschen Backsteingotik aus der Zeit um 1450. Die Hauptkirche St. Marien soll einer Stadtchronik von 1735 zufolge «mit Hülfe der Engländer nach dem Muster der 1666 abgebrannten St. Paulskirche in London erbauet» worden sein. Sie wurde 1292 geweiht. Von den besonders intensiven Handelsbeziehungen zu London soll auch das «Goldene Schiff», Uelzens größter Schatz, zeugen. Der Tafelaufsatz wurde um das Jahr 1200 aus Kupfer getrieben, feuervergoldet und mit edlen Steinen besetzt. Bug und Heck zieren in Stein geschnittene Gesichter, die Spitze des Mastes aber eine Krone und ein Kreuz. Ein Uelzener Kaufmann soll das «Goldene Schiff» einst aus London mitgebracht haben. Das Kleinod ist in einer Nische neben dem Portal der St. Marienkirche zu betrachten.

Über Uelzen sind immer wieder Katastrophen hereingebrochen. Die Stadt brannte 1315, 1646 und 1826 nieder. «1566 raffte die Pest in Uelzen über 800 Menschen weg. Das Gras wuchs auf den Straßen und aller Handel lag gänzlich darnieder», heißt es in der Chronik. Durch Bomben wurden im Zweiten Weltkrieg 267 Häuser zerstört. Daher kann Uelzen gegenwärtig kein ähn-

«goldenes Schiff»

lich geschlossenes Altstadtbild vorweisen wie Lüneburg, Lüchow oder Dannenberg. Doch steht in der Lüneburger Straße noch eine Fachwerkzeile, die erahnen läßt, wie die Stadt einmal ausgesehen hat. Uelzen ist inzwischen zu einer modernen «Einkaufsstadt» mit einer weitläufigen Fußgängerzone geworden. In der Samtgemeinde leben derzeit über 37400 Einwohner. 1885 wurde die «Actien-Zucker-Fabrik-Uelzen» gegründet. Heute sind Uelzener Zucker und Uelzener Molkereiprodukte weithin bekannt.

Literatur: Erich Woehlkens, Uelzen, Uelzen 1965
Peter Siegmund/Günter Bismark, Uelzen, Ansichten von Stadt und Kreis, Uelzen 1987
Peter Siegmund/Horst Hoffmann, Uelzen, Gesicht einer Stadt, Uelzen 1989

Oben: Eine schlichte klassizistische Fassade ziert das Uelzener Rathaus in der Veerßener Straße. Im Hintergrund ragt die Hauptkirche St. Marien empor.

1885 wurde die »Actien-Zucker-Fabrik-Uelzen« gegründet. Stattliche Villen in den Dörfern der Umgebung erinnern an die »Zuckerbarone«, an die Bauern, die durch den Rübenanbau zu Reichtum gelangt sind.

Sehenswert ist das Kloster Medingen bei Bad Bevensen. Es kann vom 1. April bis zum 15. Oktober besichtigt werden.

Rechte Seite: Hinter dem stattlichen Haupthaus des »Brümmerhofes« in Hösseringen aus dem 17. Jahrhundert wurde nach historischem Vorbild ein alter Bauerngarten angelegt.

Das Landwirtschaftsmuseum Hösseringen

Ein englischer Reisender ist entsetzt, als er im Jahre 1829 norddeutsche Bauernhöfe gewahr wird: «Die Gebäude, die hierzulande Mensch und Tier zur Unterkunft dienen, sind aus Ziegelstein, mit einer großen Einfahrt, weit genug für einen beladenen Erntewagen und ohne einen Schornstein oder auch nur etwas Ähnliches. In der Nähe der Klapptüren, die den Zugang zu dieser Einfahrt bilden, befinden sich Abschläge für Pferde, Kühe, Schweine, Geflügel und ebenso Buchten für Heu und Stroh. Am anderen Ende hausen die Familienmitglieder ohne die geringste Scheidewand zwischen sich und dem Viehzeug. Ich war beim Eintritt auf ein Konglomerat von Wohlgerüchen gefaßt und wurde angenehm enttäuscht. Da der Rauch keinen Ausweg hatte, so erfüllte er die ganze Diele und reinigte gewissermaßen die Luft. . . . Es hat in den Gegenden Deutschlands, wo die Winter oft außerordentlich streng sind, auch gewiß sein Gutes, daß man alle Vorräte und Lebensmittel so nahe bei der Hand hat, und die gegenseitige Wärme von Mensch und Vieh scheint zum Wohlbefinden beider beizutragen. Man muß in Betracht ziehen, daß die Leute von Kindesbeinen auf an eine solche Lebensweise gewöhnt sind, anders wäre es schwer begreiflich, daß menschliche Wesen sich freiwillig mit ihren Tieren fast auf die gleiche Stufe stellen.»

Es ist kaum zu glauben: Erst um 1900 wurden in den meisten Orten der Lüneburger Heide die ersten geschlossenen Herde eingeführt, und noch 1940 waren vereinzelt offene Feuerstellen in Niederdeutschen Hallenhäusern vorhanden. Dies und vieles andere über das bäuerliche Leben in der Heide erfährt man im Museumsdorf Hösseringen bei Suderburg im Landkreis Uel-

Im Landwirtschaftsmuseum Hösseringen beläßt man die Lehmgefache der umgesetzten Gebäude, soweit es möglich ist, im Originalzustand.

zen. Seit 1975 entsteht dort aus etwa 35 alten Gebäuden der Umgebung ein typisches Haufendorf. Jedes Haus wird sorgfältig abgebaut, verladen und so originalgetreu wie möglich im «Landwirtschaftsmuseum Lüneburger Heide» wiedererrichtet. Neuerdings verzichtet man sogar darauf, die Gebäude komplett zu zerlegen und versetzt mit Hilfe von Tiefladern ganze Hausteile, um noch die Spuren, die die ehemaligen Bewohner hinterlassen haben (z. B. alte Tapeten), zu erhalten. Selbstverständlich werden alle Häuser auch wieder mit dem zugehörigen Hausrat, bzw. mit originalem Werkstattinventar, ausgestattet.

Zum Museumsdorf gehören eine Imkerei, in der ein gelernter Imker beschäftigt ist, ein nach historischem Vorbild angepflanzter bäuerlicher Hausgarten und eine komplett übernommene Schmiede, in der den Besuchern auf dem Dorf anfallende Arbeiten nach alter, vorindustrieller Weise vorgeführt werden. In zwei Scheunen werden Wechselausstellungen gezeigt, unter anderem über die Garn- und Gewebeherstellung in der Lüneburger Heide, Bevorratung von Lebensmitteln auf dem Lande – früher war es üblich, Lebensmittel für zwei Jahre im Haus zu horten –, über Rübenanbau und zum Thema «Abnutzen, flicken und wiederverwenden». Natürlich können auch die Niederdeutschen Hallenhäuser, die das Bild der Dörfer prägten und Charles James Apperley, den kultivierten Engländer, vor mehr als 150 Jahren so aus der Fassung brachten, unter kundiger Leitung besichtigt werden.

Mit dem Brümmerhof besitzt das Landwirtschaftsmuseum sogar ein besonders stattliches Exemplar. Gewöhnlich ruht das tief herabgezogene Dach auf zwei, seltener drei oder vier Reihen von Eichenpfeilern, den «Ständern» links und rechts entlang der Diele. Am hinteren Ende der Diele liegt das «Flett», das mancherorts durch ein quer durch das Haus gezogenes hölzernes Gatter abgesperrt wurde, denn hier hing der große Kessel über dem offenen Feuer, in den das Vieh seine Nase besser nicht stecken sollte. Das «Kammerfach», die vom Flett durch Wände und Türen getrennten Stuben, in denen die bäuerliche Familie spann, webte oder Andacht hielt, beschließt das Niederdeutsche Hallenhaus.

«Denkt man an die primitiven Le-

Damit Wohn- und Nutzungsspuren an den Häusern durch die Umsetzung ins Freilichtmuseum nicht vernichtet werden, transportiert man die Gebäude heute in großen Teilen auf Tiefladern.

Im Landwirtschaftsmuseum angekommen, werden die Gebäudeteile fachgerecht wieder zusammengesetzt. Später wird auch das Inventar an seinen ursprünglichen Platz zurückgestellt.

bensbedingungen, die verräucherte Luft und die Kälte im Winter – trotz der warmen Ausdünstungen des Viehs betrug der Unterschied zur Außentemperatur nicht mehr als 7 Grad –, findet man wenig Grund zu nostalgischer Schwärmerei», stellt Museumsdirektor Löbert fest. Alle Häuser in der Lüneburger Heide waren ehemals mit Roggenstroh gedeckt. Heute verwendet man aus Mangel an langen und kräftigen Strohsorten Reet, das am ungarischen Plattensee geschnitten wird. Ganz traditionell mit Roggenstroh und über dem First mit Heideplaggen gedeckt ist im Museumsdorf eine kleine «Bleicherhütte», in der nachts die zum Bleichen auf einer Wiese ausgebreitete Wäsche bewacht wurde, ein trockener und verschwiegener Treffpunkt für Knechte und Mägde.

Der Giebelschmuck der Bauernhäuser gibt immer wieder Anlaß zu Spekulationen. «Welche Bedeutung die Pferdeköpfe haben, ist eine häufig wiederkehrende Frage der Besucher», bemerkt Museumspädagoge Reimers. «Bautechnisch sind Giebelbretter notwendig, um die Giebelkanten gegen Windangriff besonders zu schützen. Über die kultische Bedeutung von Giebelpfählen und Pferdeköpfen läßt sich nichts Sicheres aussagen. Als Schutzzeichen sollten sie vermutlich Unglück vom Haus abwenden. So hing am Giebel des Brümmerhofes über mehrere Generationen sogar ein echter Ochsenschädel. Nördlich der Linie Amelinghausen–Uelzen–Lüchow herrschen nach einer Untersuchung von 1914 nach innen gewandte, südlich davon nach außen gewandte Pferdeköpfe vor. Gelegentlich finden sich aber beide Zierformen im gleichen Dorf, ja am gleichen Haus.»

Dichtgedrängt stehen die hübschen Bauernhäuser im Rundling Satemin um den Dorfplatz. 70 dieser für das Wendland typischen runden, ovalen, hufeisen- oder birnenförmigen Dörfer finden sich allein in dem fruchtbaren Landstrich zwischen Lüchow und Clenze. Abseits großer Verbindungswege gelegen, führte früher nur eine Sackgasse ins Zentrum des Dorfes.

Das Wendland und seine Rundlinge

Viele Bauernhäuser in den Rundlingen präsentieren eine so kunstvoll mit Fachwerk verzierte Schauseite wie dieses Gebäude in Tüschau.

Von «Wendland» begann man erst zu sprechen, als die wendische Sprache gerade verschwand. Um 1750 war sie praktisch ausgestorben. Jahrhundertelang hatten die Städte im Gebiet des heutigen Landkreises Lüchow-Dannenberg den Wenden das Bürgerrecht vorenthalten. Schuhmacher, Schneider, Schmiede, Bäcker und andere Handwerker versagten den Wenden die Mitgliedschaft in ihren Gilden und weigerten sich, «wendische Kinder als Lehrlinge aufzunehmen», berichtet Willi Schulz, ein Kenner der wendländischen Geschichte. Wer Aufnahme begehrte, mußte durch drei Zeugen beschwören lassen, daß er «deutsch und nicht wendisch geboren» sei. So kommt es, daß das alte slawische Wort «Nematz», der Deutsche, zugleich jeden Menschen bezeichnete, der etwas Besseres als ein Bauer war. Der öffentliche Gebrauch der wendischen Sprache war bei Strafe verboten, die Jugend um 1700 verlachte die Alten und verlernte die Sprache ihrer Vorfahren.

Zeugnisse und Ruinen vergangener Kulturen haben immer den Reiz des Rätselhaften und Raren. Die Wissenschaft war besonders im Barock-Zeitalter bestrebt, die letzten Strahlen der Abendsonne zu erhaschen und zu sammeln, was vergangen war oder gerade im Dunkel verschwand. Man erreichte noch, daß der englische König und Kurfürst von Hannover Georg II. sich schmeichelte, so fremdartige und urwüchsige Menschen wie die Wenden unter seinen Untertanen zu wissen, und ihnen den Gebrauch ihrer Muttersprache sogar gebot. Das «Wendland» wurde zum Namen für ein Reservat, das Aussterben der wendischen Sprache war jedoch nicht mehr aufzuhalten.

Johann Parum Schulze, ein Bauer aus dem Rundling Süthen, der später als das Wunder eines nachdenkenden und schreibenden Wenden gepriesen wurde, hat zu jener Zeit gelebt. Geboren wurde er 1677. Er starb 1740 und hinterließ eine Chronik mit einer Sammlung wendischer Wörter. Man bezeichnet die Sprache heute als «dravänopolabisch». Johann Parum Schulzes über 310 Seiten dicke Handschrift ist seit 1856 verschollen. Auszüge aber sind durch Abschriften erhalten geblieben. Einige Stellen wurden 1794 in einer alten Zeitschrift abgedruckt, unter anderem auch folgender zweisprachiger Dialog zwischen einem älteren Mann und einem Mädchen. Er liest sich beinahe wie ein Gedicht:

Treuherziger Antrag

Täu pud zehn har	Du komm ihr Er (hier her)
heid sangd kam mahn	geht sitzen bey mier
Johß zang Tibbe zöhg rietzat	Ich will dier was sagen
Johß mehnang	Ich meine
Johß tech tiebe rado meht	Ich wolte dich gerne haben
Müh Lohlja un mohtey	mein Vater und Mutter
Jista die watung kläud	sind auch in den Gedanken
Mäu mohm wißie	wier haben alles
waa nohß Wiesaa	in unser Hauße
Kack Pattieze Mlakaa	Alß Vogel (Geflügel) Milch
un Diebbra sehna	und gutte Frau
tüh mäu neh mom	die haben wir nicht.
Johß saarang hile	Ich sehe alzeit
noh Tiebe waa Zartje	auf dich in die Kirche

Verblümte Antwort

Ninna Täu kummos kam mahn	Nun Du kommest nach mier (zu mir)
Waß zehm lijungdo	in dieses Landt
nie Jang nie Jaddahn Deffke	ist nicht eine Dirne
Tung Täu nie prosel	der Du nicht gefraget
ninna teu wid wißiem	nun Du von allen
Tung Tjetzehr krie johl	den Korb gekricht hast
ninna Johß mohm	nuhn ich sol
Täh Brüdt Bäut	Dein Braut sein
Teu nie mehnaß	Du nicht meinste
Dibbra Deffca	gutte Medgen
Täu sieß laa	Du wilst nuhr
wiel Jeldt meht	viel geldt haben
pirtu Tibbe nitzeng meht	Darumb Dier nicht haben will.
Täu Jiß ninna stohr kam wrijohn	Du bist nun halt (alt) zu Freyen.

Eine wendische Schriftsprache gab es nicht. Johann Parum Schulze suchte nach einer möglichst genauen Lautsprache und beklagte, daß er «nicht Konsonanten genug finden kann, um jeden Laut recht auszudrücken». Bis heute soll im Dialekt der Wendländer übrigens das H am Wortanfang unregelmäßig verwendet, und, wie im obigen Dialog, mal fortgelassen («ihr Er» statt «hier her»), mal hinzugefügt werden («halt» statt «alt»). Wer die alte wendische Sprache einmal gesprochen hören möchte, sollte den «Wendlandhof» im Rundlingsdorf Lübeln besuchen. Ins dortige Freilichtmuseum ist zwischen 1985 und 1987 ein Bauernhaus versetzt worden, das Johann Parum Schulze 1710 in Süthen hatte erbauen lassen. Im Gebäudeinnern wird eine informative Ausstellung «Parum Schulze in seiner Zeit» präsentiert. Auf Knopfdruck kann man in einem kleinen Raum das «Vater unser» hören, wie es nach neuesten wissenschaftlichen Erkenntnissen in wendischer Sprache geklungen haben soll. Sie ist deutlich wahrnehmbar mit dem Polnischen verwandt.

Lübeln ist einer der besterhaltenen und größten Rundlinge im Landkreis Lüchow-Dannenberg und ein Anziehungspunkt für sehr viele Besucher. Den hufeisen- oder birnenförmigen, ovalen oder sogar kreisrunden Dorfplatz eines Rundlings umkränzen norddeutsche Bauernhäuser, das Fachwerk der Schauseite oft kunstvoll gearbeitet, die Fassaden vielfach in verblaßten Farben getüncht. Man findet Dörfer dieser Art über das gesamte Wendland verbreitet. Siebzig von ihnen lagern dicht bei dicht in dem fruchtbaren Landstrich zwischen Lüchow und Clenze. Nach Erkenntnissen von Willi Schulz sind sie im Laufe mehrerer Jahrhunderte durch Höfeteilung und Zuzug aus

Lübeln ist einer der in seiner Form besterhaltenen und größten Rundlinge im Wendland. Die Dörfer wurden vermutlich planmäßig angelegt, doch dienten sie weder als Wehrdörfer Verteidigungszwecken, wie man lange Zeit annahm, noch trieben die Bauern ihr Vieh nachts zum Schutz gegen Diebe auf dem Dorfplatz zusammen.

Keimzellen von drei, vier oder fünf Gehöften entstanden. Rundlinge wirken ästhetisch reizvoll. Die Dorfplätze erfüllten zudem den Zweck, das Vieh vor dem Austrieb auf die Weide zusammenzuhalten. Wehrdörfer sind Rundlinge dagegen nie gewesen. Gegen eine bewaffnete Schar hätten sich ein paar Bauern inmitten von Heu, Stroh und Holz, also von brennbaren Stoffen, nicht verteidigen können. Auch zur Viehweide wären die kleinen Dorfplätze untauglich gewesen.

Alle Rundlinge lagen ursprünglich abseits großer Verbindungswege an Stichstraßen hinter einem Hain verborgen. Die Kirche stand stets vor dem Dorf. Bis zum Ende des 17. Jahrhunderts befand sich auf dem Dorfplatz der «Burstaw», das Dorfgemeinschaftshaus, und ein Kreuzbaum, ein kultisches Symbol halb heidnischen und halb christlichen Ursprungs. «Da ich noch ein Knabe war», berichtet Johann Parum Schulze, «da stunden in allen Dörfern hohe, lange, aufgerichtete Bäume (Masten), oben ein Querholz gleich einem Kreuze, ganz oben eine eiserne Stange mit einem Weyerhahn

Das Freilichtmuseum Wendlandhof zieht von weither viele Interessierte und Schaulustige an, die einen Einblick in Kultur und Geschichte der Landschaft gewinnen möchten.

(Wetterhahn), von unten auf an zwei Seiten mit hölzernen langen Nägeln hineingeschlagen, daß man konnte oben bei dem Hahnen hinansteigen. ... Wenn der Baum ins Dorf ist hineingefahren, alsdann haben die Weiber viele Laken hingegengebracht, daß sie den Baum ganz bedeckt gehabt, daß man ihn überall nicht hat sehen können. Dieses hat meine Mutter gesehen, als sie ein kleines Mädchen gewesen. Und ein solches Jubelgeschrei und großes Fest haben sie gehalten in Saufen und Tanzen und das etliche Tage hindurch. Zu Karmitz ist dieses geschehen.» Jährlich wurde das Aufrichten des Kreuzbaumes am Himmelfahrtstage mit einem Fest begangen.

Südlich von Bergen/Dumme liegt der Ort Nienbergen an der Grenze zum Kreis Salzwedel. Er ist aus zwei Rundlingen der altmärkischen Art zusammengewachsen. An einem sehr hübschen Hof kann man sich eine Vorstellung von der Dorfanlage bilden, die als Ganzes zerstört ist. Die Bauernhäuser der Altmark glichen den wendländischen bis ins Detail, doch standen sie nicht unmittelbar am Dorfplatz. Sie lagen vielmehr hinter querseitigen Torhäusern zurück, die die Mitte des Dorfes gleichsam einfriedeten. Die Torhäuser waren aus der mitteldeutschen Hauslandschaft in die Altmark gelangt. Sie dienten mancherlei Zwecken: als «Schafstall, Scheune, Kuhstall oder Altenteil», erläutert Peter Fischer, der Direktor des Freilichtmuseums in Diesdorf.

Ursprünglich waren fast alle Ortschaften der nordwestlichen Altmark als Rundlinge angelegt worden. Vom Beginn des 19. Jahrhunderts an, als man anfing, die Landwirtschaft in großem Stile zu organisieren und der Zuckerrübenanbau sehr einträglich wurde, wandelte sich das Antlitz der Dörfer schnell und gründlich. Die Torhäuser wichen mitsamt den niederdeutschen Bauernhäusern größeren Gehöften mit getrennten Wohn- und Wirtschaftsgebäuden. Rationalisiert wurde auch die Verkehrsanbindung: aus Rundlingen machte man Straßendörfer.

Erhalten blieben zunächst die kleineren Höfe, weil sie am wirtschaftlichen Aufschwung nur in bescheidenem Maße teilnehmen konnten. Mit der Kollektivierung der landwirtschaftlichen Produktion nach dem Zweiten Weltkrieg verloren die Kleinbetriebe endgültig ihre Existenzgrundlage. Die nutzlosen Gebäude verfielen. Heute ist in allen Fällen die ursprüngliche Gestalt der altmärkischen Rundlinge höchstens noch erahnbar. Selbst die besser erhaltenen Rundlinge bieten einen trostlosen Anblick: Fahrendorf, Hilmsen, Groß Bierstedt mit Fachwerktorhäusern von 1851, Maxdorf, Stappenbeck – auch dort stehen noch Torhäuser – und Cheinitz, dessen Dorfkern mit zahlreichen Fachwerkgebäuden noch Rundlingsform besitzt. Eine

Wer die alte wendische Sprache einmal gesprochen hören möchte, sollte die Ausstellung im Johann-Parum-Schulze-Haus auf dem Wendlandhof in Lübeln besuchen.

alte Eiche und ein mit Weiden umstandener Teich in der Mitte des weiten Platzes wirken rührend schön. Wie für Rundlinge typisch steht auch in Cheinitz die Kirche vor dem Dorf. Wen die bäuerliche Kultur der nordwestlichen Altmark näher interessiert, der sollte das Freilichtmuseum in Diesdorf besuchen. Auf dem Gelände befinden sich mittlerweile elf ausgewählte, restaurierte und zum Teil mit entsprechendem Inventar ausgestattete alte Bauten. Insgesamt sollen einmal 36 Gebäude aus den umliegenden Dörfern dorthin umgesetzt werden.

Anders als die altmärkischen Bauern verpaßten die wendländischen den Anschluß an die Industrialisierung im 19. Jahrhundert. Sie hatten nämlich einen einträglichen Nebenerwerb, der ihnen das Leben auf relativ kleinen bäuerlichen Anwesen noch eine Weile erträglich machte, ja sogar einen gewissen Wohlstand in den Rundlingen Einzug halten ließ: die Handweberei.

Die Produktion von Leinen über den Hausgebrauch hinaus begann im Wendland nach dem Dreißigjährigen Krieg mit der sagenhaften Einführung des ersten Spinnrades durch den Schulzen des Dorfes Karmitz. Um das Jahr 1645 hatte er sich nach Holstein aufgemacht, um wieder Vieh ins geplünderte Wendland zu importieren. Bis dahin war Garn nur auf Handspindeln gesponnen worden. «Alsdann», erzählt Johann Parum Schulze, der es wieder von Mutter und Großmutter weiß, «hat man allhier von keinem Spinnrad gewußt noch gekannt, da bringt der Schulze ein vierfüßiges Spinnrad mit aus dem fremden Lande. Als nun die Dorfweiber dieses neue Spinnwerk sahen, wunderten sie sich über die Maßen sehr, daß das Ding Garn von sich selber freßen konnte. Wie der Schulze nun auf dem Spinnrad spann, ging eine Frau dazu und griff mit ihren Fingern nach den Flügeln, denn sie wußte nicht, daß die Flügel ihr auf die Finger schlagen würden. Wie sie diese Probe geschmeckt hatte, nahm sie die Finger in den Mund, aus dem Munde wickelte sie die Finger in ihre Schürze und ging davon.»

Um 1790 wurde nirgendwo im Kurfürstentum Hannover annähernd soviel «Kauflinnen» produziert wie in den Amtsbezirken Wustrow und Lüchow. Auf roh zusammengezimmerten Webstühlen wurde noch in der kleinsten Bauernhütte gewebt. In den etwa 70 Häusern der Ortschaft Bergen/Dumme klapperten allein ungefähr 100 Webstühle, bedient von 45 Webermeistern, ihren Gesellen und Lehrlingen sowie einigen unzünftigen Weberinnen und Webern. Sie arbeiteten besonders feines Leinen und verbuchten fast ein Drittel des Jahresumsatzes von 100 000 Reichstalern im Leinenhandel der Ämter Lüchow und Wustrow für sich. Die etwas gröbere Qualität, das «Bauernleinen», wurde auf den Dörfern gefertigt.

Ein für den Flachsanbau bestimmtes

Heuernte bei Damnatz. Kleine Flächen werden noch von Hand gewendet.

Stück Land wurde nicht gepflügt, sondern mit Aufwand umgegraben. Dazu taten sich häufig mehrere Hausgemeinschaften zusammen. Über Lübeck bezog man besonders hochwertige Saat aus Riga. Mit der Aussaat konnte schon im April jeden Jahres begonnen werden. Die Hügellandschaft der Göhrde und des Hohen Drawehn schützten die jungen Anpflanzungen vor atlantischen Wettereinflüssen und zu starken Bodenfrösten. (Heute werben die Fremdenverkehrsämter mit dem angenehmen «kontinentalen» Klima des Wendlandes). 100 Tage später wurde der hochaufgeschossene Flachs ausgerauft. In den Amtsbezirken Lüchow und Wustrow war es üblich, daß Männer und Frauen alle anfallenden Arbeiten gemeinschaftlich verrichteten. «Das Spinnen ist hier fürnehmlich mit eine Beschäftigung für jene (die Männer), und der Bauerknecht, der sich in so manchen Gegenden durch das Spinnrad zu entehren glaubt, ist hier glücklicherweise von diesem Wahn befreit» – so steht es in einem offiziellen Bericht aus dem Jahre 1789. Welche und wie viele Arbeitsschritte notwendig waren, bis die Leinwand in Ballen zum Verkauf stand, darüber informieren unter anderem das Landwirtschaftsmuseum Hösseringen, Kreis Uelzen, sowie das Heimatmuseum Hitzacker.

Die im Wendland gewebten Stoffe wurden fast ausschließlich nach Hamburg exportiert. Zum Verdruß der Kaufleute und Zwischenhändler sandten die Erzeuger auf eigene Rechnung Bauern, Dorfkrüger, Schulmeister, pensionierte Unteroffiziere oder Leineweber in die Elbmetropole, Leute, «die zum Teil mit dem Stabe in der Hand zu Fuß nach Hamburg wandern und ihren Linnenvorrat auf einem gemeinschaftlichen Wagen dahin führen». Dadurch wurde den Kaufleuten in Lüchow und Wustrow zum einen die Ware vorenthalten, zum andern konnten sie mit diesen Direktverkäufern nicht preishalten. Der Gewinn wurde, wie es in dem erwähnten Bericht heißt, «den Hamburgern in die Tasche gespielt». Schließlich entging den wendländischen Kaufleuten auch noch das Importgeschäft: «Die mit Linnen nach Hamburg gehenden Aufkäufer bringen ferner allerlei Waren, sowohl zum Bedürfnis als auch zum Luxus von daher zurück, wie Tran, Öl, Käse, Sirup, Zukker, Kaffee und dergleichen, die der Landmann zuweilen als einen Teil der Bezahlung für sein Linnen mitannehmen muß und gewöhnlich auch gern nimmt. Zuweilen sollen sie sogar auch Wein mitbringen und heimlich umherverkaufen.»

Bis zur Mitte des 19. Jahrhunderts verdoppelte sich die häusliche Leinenproduktion noch einmal. Dann brach der Weltmarkt ins Wendland ein. Innerhalb weniger Jahrzehnte, nur unterbrochen durch den nordamerikanischen Bürgerkrieg (1861–1865), verdrängte die Baumwolle aus den USA das einheimische Leinen. Die 1874 als erster Industriebetrieb auf dem Gebiet des heutigen Landkreises Lüchow-Dannenberg gegründete Weberei in Wustrow vermochte nicht zu verhindern daß das Wendland als Ganzes den Anschluß an moderne Produktionsweisen verpaßte.

Während die Landbevölkerung auf der Suche nach Erwerbsmöglichkeiten in entferntere Städte abwanderte, zog es seit dem Ersten Weltkrieg zunehmend Städter, die den Zwängen ihrer bürgerlichen Verhältnisse entkommen wollten, ins weltabgeschiedene, idyllische Wendland. Freunde der Reformkost, der Freikörperkultur und bestimmter heilpraktischer Verfahren

Freunde der Reformkost, der Freikörperkultur und bestimmter heilpraktischer Verfahren, Wandervögel, Selbstversorger, Künstler und Kunsthandwerker ließen sich nach dem 1. Weltkrieg im Wendland nieder. Auf dem Werkhof Kukate findet jährlich ein vielbeachteter »Pfingstmarkt« der Kunsthandwerker statt.

Wandervögel, Selbstversorger, Künstler und Kunsthandwerker ließen sich hier nieder.

Nach dem Zweiten Weltkrieg setzte der Zustrom von Menschen, die sich absondern wollten und konnten, von neuem ein. Denn jeder, der ins Wendland zog, mußte selbst für sein Einkommen sorgen. Für Arbeiter und Angestellte entstanden im entlegensten Winkel an der «Zonengrenze» kaum neue Verdienstmöglichkeiten. Es gab vor wenigen Jahren Dörfer im Wendland, in denen kein Kind mehr lebte. Gut 47000 Menschen wohnen heute im Landkreis Lüchow-Dannenberg. Mit durchschnittlich 39 Einwohnern pro Quadratkilometer ist das Wendland die am dünnsten besiedelte Region Westdeutschlands. Im Winter 1989/90 erreichte die Arbeitslosenquote beinahe 20 Prozent. Großstädter, die es sich leisten konnten, bauten sich die verödeten Resthöfe zu Wochenendhäusern aus. Ganze Rundlinge wurden zu Feriensiedlungen.

Menschen, die sich zurückziehen oder auf dem Lande erholen wollen, pflegen kaum gesellschaftlichen Kontakt. So blieb es, bis Gorleben am 22. Februar 1977 zum Standort eines «Nuklearen Entsorgungszentrums» erkoren wurde. Seitdem hat das Leben im Wendland einen Mittelpunkt, den die Welt kennt und der immer wieder Zehntausende angezogen hat. «Entsorgen» ist eine ideologische Mißbildung, von der die deutsche Sprache bis dato nichts wußte. Durch die Vorsilbe «ent-» bezeichnet sie das Gegenteil von «-sorgen», das heißt von «sorgetragen» und «besorgtsein». Man spricht sogar von «Entsorgungspark», als stände zwischen Gedelitz und Gorleben ein Sanatorium für bekümmerte Seelen in einer schönen Landschaft. Gefängnisartig gesichert befinden sich dort das nukleare «Brennelemente-Zwischenlager» und das Gelände des «Bergwerkes zur Erkundung des Salzstockes Gorleben» auf seine Eignung als «Endlager» für radioaktive Substanzen. Am 1. Februar 1990 wurde ferner die erste Baugenehmigung für eine «Pilot-Konditionierungsanlage» erteilt, das heißt für eine Versuchsanlage, um «zwischengelagerten» Atommüll «endlagerfähig» zu machen. «Endlagern» bedeutet für einige der tödlich strahlenden Substanzen: über Millionen von Jahren «aus der Welt» schaffen. Wer möchte dafür die Verantwortung übernehmen? Über die Risiken der Atomindustrie kann sich jeder informieren.

Mal naiv fröhlich, mal tiefernst – unmöglich ist es, in wenigen Sätzen zu beschreiben, wie farbig und ideenreich sich der Widerstand gegen die Atomanlagen im Wendland äußert. Unter dem Titel «wunde·r·punkte wendland» gestalteten Künstler, Kunsthandwerker und Artisten aller Sparten und mehrerer Nationen, «biologisch» anbauende Landwirte, Anthroposophen und christliche Initiativen, Naturfreunde, Einrichtungen der Erwachsenenbildung und das Museum Wustrow vom 24. Mai bis zum 4. Juni 1990 ein Programm, das die «wunden» und «wunderbaren» Punkte der Region eindrucksvoll vor Augen führen sollte. Im «Reisebegleiter» zu den über den gesamten Landkreis Lüchow-Dannenberg gestreuten «Punkten» zählen die Veranstalter auch auf, welche Formen der Widerstand gegen die Atomindustrie im Wendland bisher schon angenommen hat.

«Für die meisten Menschen verbindet sich der Widerstand im Wendland mit dem Bild der ‹Freien Republik Wendland›, dem Hüttendorf auf dem besetzten Bauplatz 1004. Aber darüber hinaus gibt es fast keine Widerstands-

»Kunst im Feld« – Die Grenzen des Möglichen sind im Landkreis Lüchow-Dannenberg weniger eng gesteckt.

form, die es in Lüchow-Dannenberg nicht schon gegeben hätte – vom Gebet bis zur brennenden Baumaschine. Den Anfang machten die Bauern mit ihrem ‹Treck›. Jahre später marschierten zehn Lüchow-Dannenberger zu Fuß in die Landeshauptstadt. Und als ihnen Tausende folgten, brachten sie den ‹halben Landkreis› mit: Hühner, Gänse und Schafe. In Hannovers Innenstadt entstand für eine Woche die ‹Arche Wendland›. Gorleben hat in den letzten 13 Jahren unzählige Demonstrationen und Kundgebungen erlebt. Bauern verspritzten Gülle und kippten Sand und Kartoffeln vor die Baustellen, blockierten Zufahrtswege mit ihren Treckern. Menschen legten sich auf die Straße, ketten sich an, besetzten Bäume, Kräne, Funkmasten, Plätze und Amtsstuben. Radio Freies Wendland sendete aus dem Untergrund. Anlässe wie die ‹Wendlandblokkade› und die ‹Aktionstage im Wendland› brachten immer wieder Auswärtige und Einheimische zu gemeinsamen Aktivitäten zusammen. Es gab Menschenketten, Mahnwachen und Schweigeaktionen, ein Protest-Chor wurde gegründet. Der ‹Kreuzweg für die Schöpfung› führte zweimal verantwortungsbewußte Christen zu Fuß von Wackersdorf nach Gorleben. Es gibt Gottesdienste und Andachten, Predigten und Seminare für gewaltfreie Aktion. Der Anzeigenteil und die Leserbriefseite der örtlichen Elbe-Jeetzel-Zeitung als Forum der Auseinandersetzung zeugen immer wieder davon, daß der Widerstand im Wendland nicht kleinzukriegen ist.»

Literatur: Das Hannoversche Wendland, Beiträge zur Beschreibung des Landkreises Lüchow-Dannenberg, hrsg. v. Landkreis Lüchow-Dannenberg, 2. Aufl., Lüchow 1977

Johann Parum Schulze, ein wendländischer

1977 wurde beschlossen, in Gorleben ein »Nukleares Entsorgungszentrum« zu erbauen. Seitdem kommt das Wendland nicht zur Ruhe. Als eine von vielen Formen des Widerstandes finden Sonntag für Sonntag gutbesuchte Gottesdienste vor dem Gebäude der geplanten Pilot-Konditionierungsanlage statt.

Bauer und Chronist, Schriftenreihe des Heimatkundlichen Arbeitskreises Lüchow-Dannenberg, hrsg. v. Berndt Wachter, 2. Aufl., Lüchow 1989

Rundlinge im Hannoverschen Wendland, hrsg. v. Verein zur Erhaltung von Rundlingen im Hannoverschen Wendland e. V., Willi Schulz, 15. Aufl., Lüchow 1989

Wolfgang Meibeyer, Gedanken zur Rundlingsforschung in Niedersachsen, in: Hannoversches Wendland, 2. Jahresheft des Heimatkundlichen Arbeitskreises Lüchow-Dannenberg, Lüchow 1970, S. 29–40

Willi Schulz, Deutungsversuche von Sinn und Zweck der Rundlinge, in: 2. Jahresheft des Heimatkundlichen Arbeitskreises Lüchow-Dannenberg, Lüchow 1970, S. 41–54

Annalen der Braunschweig-Lüneburgischen Churlande, 8. Jg., 2. Stück, Hannover 1794, S. 269–288: Nachricht von der Chronik des wendischen Bauern Johann Parum Schulze

Annalen der Braunschweig-Lüneburgischen Churlande, 8. Jg., 3. Stück, Hannover 1794, S. 385–407: Von der Linnen-Manufactur in der Grafschaft Dannenberg, Auszug eines im Jahr 1789 abgestatteten Berichts des Herrn Legge-Inspectors Mummenthey zu Göttingen

Landwirtschaftmuseum Lüneburger Heide, Hösseringen, Materialien zum Museumsbesuch Nr. 2, Garn- und Gewebeherstellung in der Lüneburger Heide

Willi Schulz, Zur Verbreitung und Stellung der lüneburgischen Wenden in den dannenbergischen Ämtern während der zweiten Hälfte des 17. Jahrhunderts, in: Hannoversches Wendland, 6. Jahresheft des Heimatkundlichen Arbeitskreises Lüchow-Dannenberg, 1976/77, Lüchow 1977

Peter Fischer, Die historische Hauslandschaft der Altmark als Ergebnis kultureller, politischer und ökonomischer Einflüsse, in: 150 Jahre Johann-Friedrich-Danneil-Museum Salzwedel, 75 Jahre Freilichtmuseum Diesdorf, Salzwedel 1988, S. 57–60

Peter Fischer, Freilichtmuseum Diesdorf, Altmark, hrsg. v. Johann-Friedrich-Danneil-Museum Salzwedel

Peter Fischer, Denkmale des Kreises Salzwedel, hrsg. v. Freilichtmuseum Diesdorf 1990

wunde·r·punkte wendland, Reisebegleiter, zu beziehen über: Werkhof Kukate, Kukate 2, 3131 Waddeweitz

Republik Freies Wendland, Eine Dokumentation, hrsg. v. Günter Zint, Frankfurt a. M. 1980

Vom Weinberg in Hitzacker genießt man einen wunderschönen Ausblick über die Elbtalaue. In der Ferne erblickt man die Dörfer Bitter und Herrenhof hinter dem Grenzzaun mit Wachturm.

Der Weinberg von Hitzacker

Echte Weinbergschnecken in Hitzacker. Seit dem 16. Jahrhundert wurde hier die Rebe kultiviert; 1980 nahm man diese Tradition wieder auf.

Eine kurze Erzählung des Dichters Ludwig Strauss, «Das Reich der Zwerge», beginnt so: «Am Rande meiner Vaterstadt erhebt sich ein nicht eben hoher Berg, dessen Schönheiten – wohlgeordnete Gartenanlagen und reichen Baumbestand, schattige Alleen und verschlungene Pfade, weite Ausblicke über die Stadt und ihre Umgebung – ich als kleiner Junge auf vielen Spaziergängen an der Hand der Erwachsenen und mit ihnen genoß.»

Die Rede ist nicht von Hitzacker, und doch glaubt man, sich beim Lesen den «Weinberg» des Städtchens vorstellen zu dürfen. In der Erzählung hat das Kind schon die geheime Entdeckung gemacht, daß der Fuß des kleinen Berges «unmittelbar an das Reich der Zwerge grenzte ... Die Wege dieser Ebene waren entfernt genug, um alle Menschen und Tiere, die sich auf ihnen bewegten, winzig klein erscheinen zulassen.»

Weil der Weinberg in Hitzacker ebenso «zauberkräftig» ist, nimmt es nicht wunder, daß auch er der Sage nach von «kleinen unterirdischen Leuten» bewohnt gewesen ist. In dem Magazin «Neues Vaterländisches Archiv» aus dem Jahr 1822 liest man, daß sich die Bürger von Hitzacker Braupfannen und anderes Gerät von den Zwergen ausliehen, wenn sie Bier herstellen wollten. Sie schickten einen Dienstboten oder ein Kind zum Berg, das mit den Grüßen das Anliegen des Bürgers vorbrachte und die Zauberformel sprach. Am nächsten Morgen stand das Gewünschte dann am Berg bereit. Nach dem Brauen wurde das Gerät mit einer Danksagung, einer «Kanne frisch Bier nebst einem frischen Brodte» wieder an dieselbe Stelle zurückgebracht und später von den Zwergen wieder in den Berg genommen.

Eines Tages aber fand ein wandernder Handwerksbursche Bier und Brot und bediente sich. Danach habe er sich «sehr undanckbahr und unverschämtt erzeiget, und die Pfanne mit Koth und Unflath verunreiniget besudelt». Von nun an liehen die Zwerge ihre Geräte nicht mehr aus, sondern fügten den Bürgern Schaden zu, denen etwa «von den Unterirdischen das Bier in den Kellern ausgesoffen» wurde. Sie sollen «auch denen ungetauften Kindern sehr nachgestanden seyn und dieselben zum öftern vertauschet haben, wie man denn in meiner Jugendt etliche gewisse kleine Persohnen unter derjenigen Zahl rechnete, welche von ihnen solten umgetauschet seyn», überliefert ein Gewährsmann. Schließlich ließen sie sich gegen eine «reichliche Belohnung an Gelde» von einem Fährmann über die Elbe setzen.

Im Weinberg hinterließen sie «eine güldene Wiege, ... welche sich alle Johannis Nacht zwischen zwölf und ein Uhr in der Nacht am Berge sehen ließe, so baldt aber ein Mensch das geringste Wort dabey spreche, versüncke sie also bald wieder mit dem darin liegenden Schatze, und sitze ein großer schwartzer Hundt auf dieselbe mit hell funkelnden feurigen Augen. Es hätten sich zwar einsmahls 2 Cameraten besprochen solche in der Stille ohne Sprechung eines Worts wechzuholen, wären aber durch des Satans Blendwerk (als welcher über ihnen einen Galgen aufgerichtet und sie darin zu hängen gedreuet) daran verhindert worden, daß sie weil sie vor Angst um Hülfe gerufen, und also die Wiege wieder versunken.»

Das Ausleihen von zauberkräftigen Gegenständen, das Vertauschen von Kindern und das Zurücklassen von Schätzen gehört zu den typischen Motiven deutscher Zwergensagen und des Aberglaubens. Die Existenz von kleinwüchsigen Menschen bewies hinlänglich, daß es die Unterirdischen wirklich gibt, daß sie Neugeborene stehlen und ihre Zwergenkinder in die Wiege legen.

Nicht an Gespenster zu glauben, war dagegen in früheren Jahrhunderten sehr gefährlich. Nachdem der in Lüneburg aufgewachsene Goldschmied Nicolaus Ehrenreich Anton Schmid 1754 in Hannover einen Zeitschriftenbeitrag über «Ungereimtheiten und Widersprüche der Gespenster» veröffentlicht hatte, wurde er mit «theologischen Waffen» heftig angegriffen: «Das Argumentieren ging von Gespenstern auf Geister, von Geistern auf das Daseyn Gottes, und so ward denn endlich aus dem Gespenster-Leugner ein Gottesleugner» gemacht. Als solcher sollte er nun angeklagt oder wenigstens aus der Goldschmiedezunft ausgestoßen werden. Er kam davon. Den 70 Frauen und Männern, die 1610 in Hitzacker der Hexerei und der Zauberei beschuldigt wurden, erging es viel schlimmer. Zunächst unterzog man sie der «Wasserprobe»: Gefesselt wurden sie in die Jeetzel geworfen. Wer nicht unterging und ertrank – dem mußte der Teufel beigestanden haben. Der Henker, der etwas verdienen wollte, sorgte dafür, daß möglichst viele der Beschuldigten die «Wasserprobe» überlebten. Anschließend folterte er sie, bis sie gestanden, Vieh totgezaubert zu haben, das nie existiert hatte, und Menschen umgebracht zu haben, die noch lebendig «darbie gestanden, als solches abgelesen» wurde. Die Pfähle, an denen man sie schließlich verbrannte, standen noch mehrere Jahrzehnte auf dem Galgenberg, bis Bauern sie in harten Wintern entwendeten und verheizten. «Es wird gesagt, daß etliche von den Pfählen wieder ausgegrünet, welches denn der Herzoglichen Regierung in Hitzacker einiges Nachdenken verursachet, fernerhin von solchen Hexenprozessen abzustehen und eine Inquisition wider den Scharfrichter vorzunehmen.» Der in Hitzacker residierende Herzog August d. J. von Braunschweig und Lüneburg arbeitete zu jener Zeit an zwei mächtigen Werken über Geheimschriften und über das Schachspiel, die er unter dem Pseudonym «Gustavus Selenus» drucken ließ. Aus seiner Büchersammlung ging die weltberühmte Bibliothek in Wolfenbüttel hervor.

Das Ausgrünen der Brandpfähle wäre schon ein Wunder und göttlicher Fingerzeig auf die Unschuld der Hingerichteten gewesen. Ein anderes «Baumwunder» aus jener Zeit ist heute noch zu bestaunen: die Tanzkastanie am Weinberg. Über dreihundert Jahre alt, erinnert sie heute an den Anblick eines sehr gebrechlichen, an Krücken sich mühsam aufrecht haltenden Menschen. Ihr Stamm ist völlig hohl, die Kastanie ruht auf einem Stahlgerüst. Der Legende nach soll eine zum Feuertode verdammte Jungfrau einen Kastanienschößling aus der Erde gezogen und auf die Spitze gedreht wieder eingepflanzt haben. Zum übernatürlichen Beweis ihrer Unschuld wuchs die Kastanie an. Die waagerecht vom Stamm wegstrebenden, dann steil in die Höhe aufschießenden Äste geben der «Riesenkastanie» im Winter wirklich das Aussehen eines Wurzelstockes. Im Mai aber ergrünt und erblüht sie noch immer vollständig und üppig, denn ihre Lebenssäfte steigen direkt unter der Rinde empor und brauchen kein Kernholz. Daß dieser hohle «Wurzelstock» sich alljährlich in einen herrlichen Baum verwandelt, ist auch ein Wunder – ein Wunder der Baumheilkunst.

«Im Mittelalter hat man Linden als Tanzbäume gezogen», erläutert Wilhelm Ficke, der Leiter des Walter-Honig-Heimatmuseums. «In der oberen Etage spielte die Musik: Dudelsack, Pfeifer und Fiedler. Darunter auf einer Plattform erfolgten die Brauttänze, und abermals eine Etage tiefer nahm man das Festmahl ein. Man heiratete in der Linde als Sinnbild des häuslichen Glücks. Vielleicht wurde diese Kastanie auch nach ähnlichen Gesichtspunkten gezogen. Auch in unserer Riesen-

In jedem Mai ergrünt und erblüht die etwa 300jährige Tanzkastanie in Hitzacker aufs neue – ein Wunder der Baumheilkunst.

kastanie lag ein Tanzboden, und man hat darin bis etwa 1880 bis 1890 noch getanzt, während, nach mündlicher Überlieferung, in der oberen Gabelung zwei Musikanten mit der Fiedel saßen.»

Dicht bei der alten Kastanie stand einst das «Weinmeisterhaus». Im 16. Jahrhundert war Weinbau in Norddeutschland durchaus noch verbreitet. Um den Wein schmackhafter zu machen, wurde er verdünnt und mit Gewürzen veredelt. 1713 gab man in Hitzacker den Anbau auf, nachdem schwere Hagelstürme die Rebstöcke niedergebrochen hatten. Seit 1980 verleihen neugepflanzte Reben dem Weinberg jedoch wieder ein süddeutsches Aussehen. Man besann sich nämlich, daß sich durch Kultivierung von Wein überzeugend nachweisen läßt, daß das Wendland mit rund 1700 Sonnenstunden im Jahr vom Wetter besonders bevorzugt wird.

Vom Gipfel des Weinbergs blickt man über die Elbe und die Elbauen bis weit ins Mecklenburger Land. Den Besucher des Kurortes, der heute diesen wunderschönen Ausblick genießt, erinnern Mauerreste und eine Schautafel daran, daß sich von dieser Warte einst das Umland überwachen und beherrschen ließ. Im 7. Jahrhundert legten slawische Völker eine einfache Burg an, die im Laufe der folgenden Jahrhunderte unter wechselnder Herrschaft stärker befestigt wurde.

Auf dem Weinberg stand auch die Burg des sagenhaften friesischen Helden Hiddo Cauchen. Der ostfriesische Chronist Eggerik Beninga von Grimersum (etwa 1490–1562) überliefert, daß sich der Recke im Jahre 778 in den Dienst eines Fürsten von Braunschweig begeben habe. Dieser erhob ihn zum Holzvogt über seine Waldungen und Buscheien. Auf einem Inspektionsritt traf Hiddo im Gehölz auf einen Löwen mit vier Jungen. Nachdem er «den olden erwurget» hatte, kehrte er heim, legte «de veer jungen dem Hartoch in sin schoot» und sprach: «Gnädiger Fürst und Herr, als ich in Euerm Holz gewesen bin, ist mir ein Wolf mit vier Jungen begegnet. Den alten habe ich totgeschlagen, mich der Jungen aber erbarmt, welche ich Euch jetzt lebendig bringe.»

Als der Herzog die jungen Löwen sah, merkte er, daß der Friese noch keinen Löwen gesehen hatte. Für seine «männliche Tat» schlug er ihn zum Ritter und gab ihm «so veel Landes up de Elve», daß der Recke ein ritterliches Leben führen konnte. Hiddo ließ sich «een hues timmern» und nannte die Burg nach seinem Namen «Hiddos Acker». Sagen und Legenden ranken sich um einen historischen Kern. Im «Rüstringer Recht», einem friesischen Gesetzbuch aus dem 12. Jahrhundert, fand man eine Stelle, an der der Ort «hiddis ekre» als früherer Grenzpunkt des friesischen Machtbereichs erwähnt wird.

Um den Weinberg rankt sich auch die Geschichte vom «Großen Butt». Herzog Heinrich hatte im 16. Jahrhundert mit dem Deichbau vertraute Holländer an die Elbe gezogen. Vor Hitzacker lag damals eine breite Sandbank, auf der der Flußkönig mit seinem Gefolge von Seejungfrauen gern gelagert und rauschend gefeiert haben soll. Eine alte Karte im Heimatmuseum wird von einem Bild verziert, auf dem zu sehen ist, wie die Holländer über den Flutenlenker und seine Elbnixen herfallen und sie mit ihren Utensilien, mit Holzhämmern, Pflöcken, Spaten und Packwerk aus Weidenruten vertreiben – ein Sinnbild für ihre Tätigkeit. Die durch die Deichbauer erlittene Schmach ließ der Flußkönig nicht lange unvergolten. Er schickte seinen «Großen Butt», der mit einer gewaltigen Flutwelle gegen Hitzacker anrollte. Das bezeugte einst ein Schäfer, der das Untier vom Weinberg herab gesehen haben will.

Vielleicht erging es ihm aber wie jenen beiden Steueraufsehern, die eines

Nachts im Juli 1847 bei Wussegel nach Schmugglern fahndeten und an der Elbe plötzlich merkwürdige Geräusche wahrnahmen, die ein seltsames großes Tier ausstieß, das sie in der Dunkelheit nicht identifizieren konnten.

«In der Aufregung verstiegen sie sich in der Behauptung, ein Krokodil vor sich zu haben. Nach kurzem Nachdenken sagte ihnen aber der Verstand, daß sich in unseren Breiten keine Krokodile aufhalten», erzählt Wilhelm Ficke. Sie befürchteten, mit ihren Pistolen das Tier nicht verletzen zu können, und rannten zu einem Gastwirt, der ein Jagdgewehr besaß. Aus 36 Schritt Entfernung wagte der, auf das Ungeheuer zu schießen. Im Morgengrauen gewahrten sie, daß sie einen von der Nordsee elbaufwärts geschwommenen Seehund niedergestreckt hatten. «Alle drei wurden wegen Wilddieberei angezeigt, aber von diesem Vorwurf freigesprochen.»

Stör und Lachs wurden früher in großen Mengen gefischt, wenn sie stromaufwärts zu ihren Laichplätzen zogen. Bis in jüngste Zeit wanderten auch Seehunde vereinzelt die Nebenflüsse hinauf. Vor wenigen Jahren erregte sogar ein Wal in der Elbe Neugier und Schaulust. Es macht Freude, diese Tiere in der Phantasie sich lebendig tummeln zu sehen, während es sie in Wirklichkeit vielleicht schon bald ebensowenig geben wird wie den Flußkönig und den «Großen Butt».

Literatur: Manecke, Zur Kunde des Aberglaubens im Fürstenthume Lüneburg, in: Neues Vaterländisches Archiv, 2. Bd., Lüneburg 1822, S. 66–71

Siegmund A. Wolf, Geschichte der Stadt Hitzacker, 2. Aufl., Hitzacker 1978

Wilhelm Ficke/Horst Uhlen, Riesenkastanie zu Hitzacker in der Göhrde, Hamburg 1987
Blätter des Walter-Honig-Museums Hitzacker

Stundenlang harrten die Menschen bei eisiger Kälte in Herrenhof aus, bis nach 44 Jahren am 19. November 1989 die erste Fähre aus Hitzacker, MS »Drawehn«, wieder am Ostufer der Elbe festmachte. Seitdem ist der Strom keine Grenze mehr.

Fünf Städte im Wendland

Wustrow, Lüchow, Dannenberg, Hitzacker – vier wendländische Städte liegen an der Jeetzel, die fünfte, Schnackenburg, aber an Aland und Elbe. In diesem kleinsten Städtchen Niedersachsens leben genau 742 Einwohner. Bis vor kurzem lag Schnackenburg im östlichsten Zipfel des Landkreises Lüchow-Dannenberg, vollkommen abseits an der innerdeutschen Grenze. Die Uhren, die im übrigen Wendland nur etwas langsamer als anderswo gehen, stehen hier still. Nichts erinnert in Schnackenburg an die Gegenwart. Selbst das Zollamt an der «Demarkationslinie», das «Deutschlandpolitische Bildungszentrum» und das «Grenzinformationszentrum Fischerhaus» haben seit November 1989 an Aktualität verloren. Wer vollkommene Ruhe in einem sauberen Städtchen mit kleinen Fachwerkhäuschen und weitem Blick über die Elbauen sucht, findet sie hier.

Wustrow, erstmals 1217 genannt, liegt nur etwa acht Kilometer nördlich von Salzwedel. Die zur Samtgemeinde Lüchow zählende Stadt hat etwa 2650 Einwohner. Wustrow war im 18. und frühen 19. Jahrhundert ein Zentrum des wendländischen Leinenhandels. 1875 versuchten die Gebrüder Wentz mit der Aufstellung von 70 gußeisernen mechanischen Webstühlen Anschluß an moderne Produktionsweisen zu halten. Ihre Fabrik in Wustrow war die erste im Wendland. Seit 1891 verkehrten auch Züge zwischen Lüchow, Wustrow und Salzwedel. Damals begann man mit der Förderung von Kalisalz. Drei Unternehmen beschäftigten vor dem Ersten Weltkrieg bis zu 800 Arbeiter. Die Wirtschaftskrise machte Wustrows Bergbauperiode 1926 ein Ende. Heute wirkt die Stadt wie alle Städte des

Neben den Sonderausstellungen kann man im Museum Wustrow auch einen originalgetreu eingerichteten Kolonialwarenladen besichtigen. Wustrow war bis in die 20er Jahre der wichtigste Industriestandort unter den Städten des Landkreises Lüchow-Dannenberg.

Wendlands beschaulich. Zeugnisse seiner Geschichte präsentiert das Museum in einem gutbürgerlichen Wohnhaus, das sich ein Teilhaber der Webereifabrik 1886 erbauen ließ. Besonders originelle und informative Sonderausstellungen galten ferner der Wohnkultur der 50er Jahre («Mit 30 bist Du museumsreif.»), den Spuren des Ersten Weltkrieges im Landkreis Lüchow-Dannenberg, der Eisenbahngeschichte sowie den «Flüchtlingen» der Jahre 1945 bis 1950.

Hitzackers Altstadt liegt auf einer Insel in der Jeetzel. In der Samtgemeinde wohnen gegenwärtig etwa 6600 Menschen. Hitzacker ist ein staatlich anerkannter Kurort, der sich an Luftreinheit mit Nordseebädern messen kann. Die Stadt wirbt mit dem besonders angenehmen und sonnigen «kontinentalen Klima» des Wendlands, in dem «höchstens zehn Tage im Jahr» Schwüle herrscht. Seit 1946 finden jährlich «Sommerliche Musiktage» in Hitzacker statt. Künstler von Rang bieten stets einen Längsschnitt durch die Musikgeschichte der letzten drei Jahrhunderte dar. Seit Februar 1987 wird außerdem in kleinerem Rahmen eine «winterliche Musikwoche» unter Leitung des Trompeters Prof. Ludwig Güttler inszeniert.

Dannenberg und Lüchow gleichen einander wie Schwestern. Die eine wird 1153, die andere 1158 erstmals urkundlich erwähnt. Die Samtgemeinde Dannenberg zählt etwa 13000, Lüchow etwa 17500 Einwohner. Langgezogene, weitgehend geschlossene Straßenzüge mit freundlich gestrichenen Fachwerkhäusern prägen beide Städte. Als Wahrzeichen herrscht über jede von ihnen der mittelalterliche Turm eines längst zerstörten Grafensitzes.

Freundlich lädt eine Balkeninschrift in die Drawehner Torschänke in Hitzacker ein.

Unten: Im Kurort Hitzacker finden seit 1946 alljährlich die weithin bekannten »Sommerlichen Musiktage« statt, für die stets Interpreten von Rang verpflichtet werden.

NEUE MARKT-APOTHEKE

Links: Fachwerkbauten prägen das Stadtbild von Lüchow. In der Mitte des Marktplatzes plätschert dieser kleine Brunnen.

Um das Jahr 1200 wurde der Dannenberger «Waldemarturm» als Wehrturm einer Burg erbaut. Mit dieser war er über eine Zugbrücke in Höhe des heutigen zweiten Stockwerkes als einzigem Zugang verbunden. Mauern von etwa 3,50 Meter Stärke boten eine gewisse Sicherheit, die man dadurch noch zu erhöhen suchte, daß man ins Innere des Turmes keine Treppen einzog. Nach oben konnte man nur über Leitern gelangen, in den Keller aber wurden die Gefangenen mit Hilfe einer Seilwinde hinabgelassen. Heute beherbergt der Dannenberger «Waldemarturm» ein Heimatmuseum in angenehm kühlen Räumen. Seit 1720 führt in einem Anbau eine sehenswerte Wendeltreppe aus schwarzen, mit der Axt behauenen Eichenbohlen in die oberen Stockwerke hinauf. Schwere, durch gewaltige Schlösser gesicherte Doppeltüren mit Essenklappen zeugen noch von der Verwendung als Gefängnis. Im dritten Stockwerk erreicht man den «Waldemarraum», in dem der dänische König Waldemar II. 1224 mit seinem Sohn vermutlich gefangen gehalten wurde. Der mächtige Mittelpfeiler ist übersät mit Inschriften von Sträflingen mehrerer Jahrhunderte.

Der Lüchower «Amtsturm» stammt aus dem 15. Jahrhundert. Etwa 8000 Besucher zählte jährlich das «Wendländische Heimatmuseum», das bis 1989 in seinen Mauern untergebracht war. In den vollgestopften Räumen bestaunte man Versteinerungen, vorgeschichtliche Keramik, Trachtenpuppen, bäuerliches Gebrauchsgeschirr, Webstühle, alte Tischlampen, eiserne Wetterfahnen, das erste Lüchower Hochrad und bunt bemalte Hutschachteln. Zur Enttäuschung vieler Besucher ist davon nichts geblieben. Die im

Blick durch die Marschtorstraße in Dannenberg, das der Stadt Lüchow wie eine Schwester ähnelt.

Um das Jahr 1200 wurde der Waldemar-Turm erbaut. Sein Name erinnert daran, daß in ihm 1224 der dänische König Waldemar II. gefangengehalten wurde.

Museumsverband des Landkreises Lüchow-Dannenberg zusammengeschlossenen Museen haben sich jeweils auf bestimmte Schwerpunkte spezialisiert. Das 1990 im «Amtsturm» eröffnete «Schloß- und Grafschaftsmuseum Lüchow» informiert anhand ausgewählter Grabungsfunde aus der Umgebung über die Lebensbedingungen in der «Grafenzeit» (1100–1320). Die Ausstellung wird in den kommenden Jahren weiter vervollständigt. Vom obersten Stockwerk des «Amtsturmes» erblickt man am Horizont die Silhouette der nur zwölf Kilometer entfernten Stadt Salzwedel.

Literatur: Das Hannoversche Wendland, hrsg. v. Klaus Poggendorf, Lüchow 1985

Bernd Wachter, Aus Dannenberg und seiner Geschichte, Uelzen 1983

Bruno zu Jeddeloh, Dannenberger Häuser erzählen, Dannenberg 1983

Torsten Schoepe/Peter Schoepe, Lüchow, Wandel des Stadtbildes in 120 Jahren, Lüchow 1985

Berliner Angler erholen sich vom Großstadtgetriebe am Laascher See bei Gartow.

Vollkommene Ruhe findet der Gast in Schnackenburg, der kleinsten Stadt Niedersachsens. Der Schäfer hat sein Handwerk auf Korsika erlernt und hält in seiner Herde zwei Esel sowie einige Ziegen.

Unten: Die hohe Kirche bei Predöhl südöstlich von Lüchow steht auf einem Hügel inmitten der blühenden Feldmark. Zu ihrer Gemeinde zählen elf umliegende Dörfer.

Das »Neupervertor« aus dem 15. Jahrhundert kündet dem Fremden stolz von der hanseatischen Vergangenheit Salzwedels. Die Mauern, Gräben und Wehrtürme der Stadt sind heute noch zu großen Teilen erhalten.

Die Hansestadt Salzwedel

Mit Stuck wurde Anfang des 19. Jahrhunderts der Treppengiebel dieses alten Bürgerhauses in klassizistischem Geschmack herausgeputzt.

Hitzacker, Dannenberg, Lüchow – wer von Norden nach Salzwedel einreist, wird überrascht: Statt eines Landstädtchens mit hübschen Fachwerkgebäuden erwartet ihn eine norddeutsche Hansestadt, wie man sie ähnlich geschlossen kaum finden wird. Die Stadtmauer mit Mauertürmen und Wikhäusern, die Salzwedel vor etwa 100 Jahren noch vollständig umfangen hat, ist noch heute zu mehr als zwei Dritteln erhalten. Durch zwei Stadttore, das «Neupervertor» aus dem 15. Jahrhundert und das «Steintor» vom Anfang des 16. Jahrhunderts, führen Straßen weiterhin ein und aus. Das System der Wälle und Gräben, die zuerst um die Mitte des 12. Jahrhunderts von niederländischen Siedlern angelegt worden waren, umschließt die Innenstadt. Stolze Backsteinbauten, mächtige Kirchen und herrliche Kirchplätze, ein ganzes Stadtviertel steht als Ensemble unter Denkmalschutz.

Wie andere Ortsnamen mit der Endung -wedel bezeichnete auch Salzwedel eine Stelle, an der sich ein Gewässer «durchwaten» ließ. Nach einer neueren Deutung von Josef Beranek ist die erste Silbe des Städtenamens jedoch nicht darauf zurückzuführen, daß die alte Salzstraße von Lüneburg nach Magdeburg durch den Ort führte. Sie hat vielmehr «mit den einstigen Salzquellen in der Nähe der Jeetzefurt zu tun». Über eine von ihnen äußert ein Chronist aus dem Jahre 1753: «Und weil die Erde daherum bei trockenem Wetter gleichsam mit weißem Salz bestreuet (ist) und aussieht, als wenn es gereifet, der Geschmack davon salzig ist; ingleichen die Salicornia, ein Kraut von ganz salzigem Geschmack, in großer Menge darum wächst, so ist gar vermutlich, daß ein wahrhaftiger und nutzbarer Salzquell allda vorhanden sein möge, selbiger auch wohl in alten Zeiten in besserer Achtung gewesen sein (soll) ...»

Die ältesten Siedlungsteile der Stadt vermutet man im Schutze der Burg, von der außer dem Turm, dem Bergfried aus der Zeit um 1200, noch Reste der Verteidigungsanlagen und der Kapelle im heutigen Burggarten auffindbar sind. «Bedeutenden Einfluß auf die Entwicklung der Stadt hatten weiterhin die Fernhändler Salzwedels. Ende des 12. Jahrhunderts trieben, zur Elbmündung hin, flandrische Kaufleute mit Stendaler und Salzwedeler Bürgern Handel», erklärt der Historiker Peter Fischer in einer Festschrift anläßlich der 750-Jahr-Feier der Stadt 1983. Denn erstmals im Jahre 1233 verzeichnet eine Urkunde Salzwedel als Stadt im Rechtssinne. In ihr ließ sich die beherrschende Gewandschneider-

Salzwedel ist eine Doppelstadt. Die St. Katharinenkirche war die Pfarrkirche der Neustadt. Sie prunkt nicht nur mit herrlichen Glasmalereien, sondern birgt in sich auch den wertvollen Schnitzaltar der Dambecker Klosterkirche von 1474.

gilde Salzwedels vom Markgrafen Johann ihre Rechte bescheinigen. Ihr neues Kaufhaus, in dem sie «Gewand von Ballen schnitten ... war gleichzeitig Rathaus»!

Salzwedel ist eine Doppelstadt. 1247 wurde direkt an die Altstadt grenzend die Neustadt Salzwedel gegründet, deren Grundfläche die der Altstadt sogar noch übertraf. Sie genoß von Anfang an die gleichen Rechte. In dieser Zeit wurde auch die Dumme nach Salzwedel umgeleitet, um die für das Grabensystem beider Städte benötigte Wassermenge herbeizuleiten und die Jeetze bis Salzwedel schiffbar zu machen.

Der «Hansehof» an der «Hohen Brücke« 8 beim alten Jeetzehafen stammt zu seinen ältesten Teilen aus dem 15. Jahrhundert. Doch schon 1263 galt Salzwedel als Mitglied der Hanse, nachdem bereits 1236 Zollfreiheit in Holland und 1248 Geleitschutz nach Hamburg und Lübeck gewährt worden war. Seine Handelsverbindungen reichten, erklärt Peter Fischer, unter anderem «nach Gent, Brügge, London und Bergen in Norwegen. Gehandelt wurde im 13. und 14. Jahrhundert Getreide, Heringe, Leinwand, Pech, Asche und Waid (eine Farbpflanze), Schweinefett, Blei und Zinn. Diese Handelsprodukte nennt die Hamburger Zollrolle.» Eine wichtige Ware Salzwedels hieß Korduan. Peter Fischer: «Korduan war ein aus Bock- und Ziegenfellen gearbeitetes kleinnarbiges, sehr geschmeidiges Leder. Aus einer Übersicht des Jahres 1369 über den Gesamthandel (Ausfuhr) Hamburgs geht hervor, daß 28,8 Prozent der Gesamtausfuhr an Korduan aus Salzwedel stammten.»

Vier große Backsteinkirchen spie-

Inschriftentafeln wie diese sind an vielen alten Gebäuden in Salzwedel zu sehen.

Unten: Salzwedel war eine Hansestadt, deren Reichtum auf dem Tuchhandel beruhte. In nahezu ursprünglicher Form blieb der »Bürgermeisterhof« mit den altertümlichen Fachwerkspeichern aus dem 15. und 16. Jahrhundert erhalten.

Zierlich und anmutig schaut der Turm des »Schwarzen Adlers« auf die alte Hansestadt Salzwedel herab. Um 1600 in heutiger Form erbaut, krönte er einst das Neustädter Rathaus, das 1895 niederbrannte.

Unten: Am Tag nach der Öffnung der innerdeutschen Grenze herrschte in den Straßen von Bergen/Dumme ein unbeschreiblicher und fröhlicher Andrang.

geln noch heute das Aufblühen Salzwedels bis zum Ende des 15. Jahrhunderts. In der größten von ihnen, der fünfschiffigen spätgotischen Basilika St. Marien amtierte seit dem frühen 13. Jahrhundert der Propst von Salzwedel. Man tritt ein durch das spätgotische Südportal des Querhauses. Beim Hinabsteigen der Stufen fällt auf, wie sehr sich das Straßenniveau seit der Erbauung erhöht hat. Innen beeindrucken Chor und Querhaus durch ihre Weiträumigkeit und ihre z. T. sehr gut erhaltene Ausstattung.

Die Marienkirche ist zweimal bedeutend erweitert worden. Der früheste Bau, eine romanische Feldsteinkirche aus dem 12. Jahrhundert, wie man sie etwa auch in Dörfern der Lüneburger Heide findet, wurde im 13. Jahrhundert zu einer dreischiffigen romanischen Backsteinbasilika ausgebaut. Vom ersten Gotteshaus blieb der runde etwa drei Meter hohe Turmsockel aus fast drei Meter dicken Feldsteinmauern stehen, um den die Seitenschiffe nach der letzten Erweiterung wie Prozessionswege herumführen.

Von beinahe gleicher Größe ist St. Katharinen, die Pfarrkirche der Neustadt mit herrlichen Glasmalereien aus der Zeit um 1420 und dem prächtigen Dambecker Schnitzaltar von 1474. Er zeigt im Mittelschrein nicht die Kreuzigungsszene, sondern die Legende vom Einhorn, das im Schoße der Jungfrau Maria Zuflucht sucht. Die spätromanische St. Lorenzkirche war zwischen 1692 und 1845 mehr als 150 Jahre profaniert und jahrzehntelang als Salzlagerhaus genutzt worden. Darunter hatte das Mauerwerk sehr gelitten. Unsachgemäße Instandsetzung tat ein übriges. Seit 1860 dient sie der katholischen Gemeinde. Zwischen 1961 und 1964 wurde sie fachgerecht restauriert.

Unten: Beschaulich wirkt der kopfsteingepflasterte, von alten Bäumen gesäumte Marktplatz von Diesdorf/Altmark. Im Hintergrund die Klosterkirche aus dem 13. Jahrhundert.

Zum Trocknen in Hocken zusammengestellt, wartet das Reet auf den Dachdecker, der die Dächer im Freilichtmuseum Diesdorf/Altmark neu eindecken soll.

Auch die «Mönchskirche» genannte einstige Franziskaner-Klosterkirche, eine zweischiffige Hallenkirche aus dem 15. Jahrhundert, war zeitweilig als Lagerhalle genutzt worden, bevor man im Frühjahr 1985 daranging, sie, für die es keine Gemeinde mehr gibt, in eine Konzerthalle zu verwandeln. Inzwischen sind die Restaurierungs- und Umbauarbeiten im wesentlichen abgeschlossen. Bald soll sie auch ihr Kleinod wiedererhalten: den Altar von 1584 aus der Werkstatt Lucas Cranach d. J., der zur Zeit noch im Johann-Friedrich-Danneil-Museum im ehemaligen Propsteigebäude gezeigt wird. Er ist ein politisches, proreformatorisches Kunstwerk. Das Thema der Mitteltafel «Der Weinberg des Herrn» wird vom Maler ausgeführt wie schon 1569 für die Stadtkirche von Wittenberg. Sie «zeigt einen Weinberg als Symbol der Kirche. Der Weinberg ist durch einen Weg geteilt. Auf der linken Seite des Weges zerstört der katholische Klerus den Berg, und Mönche schütten den Brunnen mit Steinen zu. Auf der rechten Seite des Weges forsten Reformatoren wie Bugenhagen und Melanchthon den Berg auf und bringen den Brunnen wieder in Gang. Luther fegt die Bannbulle des Papstes mit einer großen Harke zusammen und setzt das Papier in Brand. Im unteren Drittel des Altares stehen sich zwei Gruppen gegenüber. Die linke Gruppe zeigt den geistlichen Klerus, an der Spitze den Papst. Der Papst steht Christus und seinen Jüngern gegenüber. Dem Christus bietet der Papst Geld an, dieser wehrt entschieden ab. Damit wird auf den Ablaßhandel des Mönches Tetzel hingewiesen, dessen ‹Händler› auch der Salzwedler Bevölkerung Ablaßbriefe, Erlaß von ihren Sünden, verkauft haben sollen», schreibt Peter Fischer.

Dreimal brannte das Dorf Bösel, acht Kilometer von Salzwedel entfernt, ab. Jedesmal wurde es prächtiger wieder aufgebaut.

Zwei Dinge wirken verhängnisvoll für historische Bausubstanz: Zunächst wirtschaftliches Wachstum, das im 19. Jahrhundert vielerorts zur Entfestigung, Ausweitung und Modernisierung der Städte führte. Ihm fiel nach dem Zweiten Weltkrieg noch manche Innenstadt zum Opfer. Dann wirtschaftlicher Niedergang, der andernorts zum Verfall ganzer Dörfer und Städte führte. Die wirtschaftliche Blüte Salzwedels schwand nach einer Fehde mit dem Kurfürsten Johann Cicero 1488, die mit dem Verlust mehrerer wichtiger Privilegien endete, und der Ausstoßung der Städte Berlin, Stendal und Salzwedel aus der Hanse im Jahre 1518. Mauern und Stadttore erhielten sich bis in die Gegenwart. Der wirtschaftliche Niedergang der 70er und 80er Jahre unseres Jahrhunderts führte jedoch zum Verfall ganzer Straßenzüge. Es bleibt zu hoffen, daß die alte Bausubstanz in den kommenden Jahrzehnten zumindest in Teilen gerettet werden kann, wenn wirtschaftliches Wachstum auf das Stadtbild wieder Einfluß nehmen wird.

Literatur: Aus der Geschichte der Stadt Salzwedel, herausgegeben vom Rat der Stadt Salzwedel anläßlich der 750-Jahr-Feier 1983

Roland, Pia: Kirchen in Salzwedel. (Das Christliche Denkmal, Heft 131/132), Berlin 1987

Der Name Salzwedel. Von Josef Beranek, in: Altmärkischer Heimatkalender 1972, herausgegeben vom Deutschen Kulturbund, Kreisleitung Salzwedel, und von der Abteilung Kultur beim Rat des Kreises Salzwedel

Heinz Stoob, Salzwedel (= Deutscher Städteatlas Lieferung III Nr. 8, 1984), Altenbeken

150 Jahre Johann-Friedrich-Danneil-Museum Salzwedel, 75 Jahre Freilichtmuseum Diesdorf, Kolloquium, Salzwedel 1988

Nach einem langen Sommertag sinkt die Sonne in warmen Farben über der Landschaft bei Dahlenburg.

Bildnachweis:
Alle Fotos Irmtraut Prien;
außer: Seite 10/11 Deutsche Luftbild GmbH, Hamburg
Seite 24 Detlev Heidelberg
Seite 25 oben Josef Makovec
Seite 28 ALA
Seite 59 Kurverwaltung Bad Bevensen
Seite 65 oben Günter Reimers

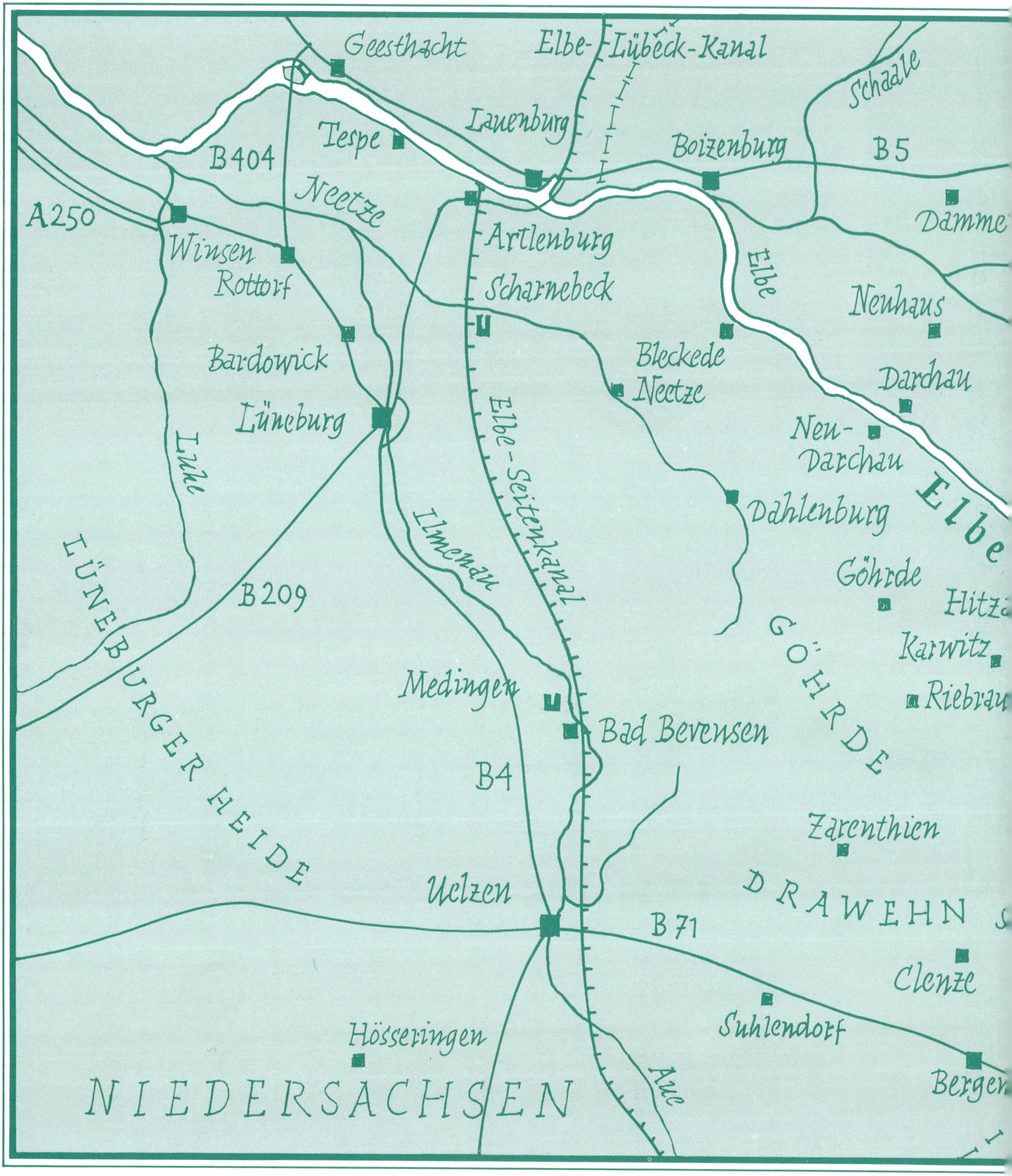
Geesthacht
Elbe-Lübeck-Kanal
Schaale
Lauenburg
Tespe
Boizenburg
B5
B404
Neetze
A250
Dammer
Artlenburg
Winsen
Rottorf
Scharnebeck
Elbe
Neuhaus
Bardowick
Bleckede
Neetze
Darchau
Lüneburg
Neu-
Darchau
Luhe
Elbe-Seitenkanal
Dahlenburg
Elbe
Ilmenau
Göhrde
Hitz
B209
GÖHRDE
Karwitz
LÜNEBURGER HEIDE
Medingen
Riebrau
Bad Bevensen
B4
Zarenthien
DRAWEHN
Uelzen
B71
Clenze
Suhlendorf
Hösseringen
Bergen
NIEDERSACHSEN
Aue